高职高专艺术设计类规划教材建设单位

（按照汉语拼音排序）

北京电子科技职业学院
北京联合大学平谷学院
长江职业技术学院
东北大学东软信息学院
海口经济学院
河北能源建材职业技术学校
河南财政税务高等专科学校
河南工程学院
河南焦作大学
河南经贸职业学校
河南艺术职业学校
鹤壁职业技术学院
湖北轻工职业技术学院
金华职业技术学院
辽宁大学
辽宁经济职业技术学院
辽宁省交通高等专科学校
洛阳理工学院
漯河职业技术学院
南通职业大学
濮阳职业技术学院
山东英才学院
沈阳师范学院
沈阳现代美术学校
沈阳新华印刷厂
四川烹饪高等专科学校
武汉工业职业技术学院
西安机电信息学院
郑州电子职业技术学院
郑州航空工业管理学院
郑州轻工业学院轻工职业学院

GAOZHI GAOZHUAN YISHU SHEJILEI GUIHUA JIAOCAI

高职高专艺术设计类规划教材

CI与品牌形象策划

张照雨　都蕊　主编
姚蔚　副主编

CI YU PINPAI XINGXIANG CEHUA

化学工业出版社
·北京·

本书全面系统地阐述了CI战略的基本原理，探讨了企业理念识别、企业视觉识别（基本要素和应用要素）和企业行为识别（内部行为与外部行为）的构成与创意策划。书中融合了国内CI广告公司专家的新观点和新方法，渗透了作者多年来CI理论研究和教学实践的成果，并加入城市品牌形象全程推广案例，多个企业真实全程推广案例。体现出新颖、丰富和实用等显著特点。书中还配有生动具体的图表和富有启迪的案例，具有较强的可操作性和实用性。本书适用于高职院校营销和设计类学生的需要，同时也是企业（或组织）经营管理者和员工的有益参考书。

图书在版编目（CIP）数据

CI与品牌形象策划/张照雨，都蕊主编．—北京：化学工业出版社，2011.6（2014.7重印）
高职高专艺术设计类规划教材
ISBN 978-7-122-11194-4

Ⅰ.C… Ⅱ.①张…②都… Ⅲ.企业形象-造型设计-高等职业教育-教材 Ⅳ.J524

中国版本图书馆CIP数据核字（2011）第079216号

责任编辑：李彦玲　　装帧设计：尹琳琳
责任校对：周梦华

出版发行：化学工业出版社（北京市东城区青年湖南街13号　邮政编码100011）
印　　装：北京画中画印刷有限公司
787mm×1092mm　1/16　印张$9\frac{3}{4}$　字数264千字　2014年7月北京第1版第2次印刷

购书咨询：010-64518888（传真：010-64519686）　售后服务：010-64518899
网　　址：http://www.cip.com.cn
凡购买本书，如有缺损质量问题，本社销售中心负责调换。

定　　价：39.80元

序

时代的发展和变革无疑影响并深化着我们对于艺术设计的理解和认识，学习艺术设计必须从设计的本质和时代的特征等深层面去进行解读。设计是一种“有目的的创作行为”，是人的本质力量的显现；同时，艺术设计也是一种文化，体现了人文思想和人文情怀，闪烁着人类智慧的光芒；然而，设计也是一种对自我行为的标示和肯定，是一种把计划、规划、设想通过视觉的形式或物化的形态传达出来的创造性活动，在这个活动过程中我们建立起自己的生活方式。人类最基础、最重要的创造是造物，我们可以把任何造物活动的预想、计划和实施过程理解为设计，而在目前全球经济一体化的背景下，艺术设计作为一种文化产业无疑是推动社会经济发展的主要增长点之一。

随着艺术设计在中国的发展，设计作为一门独立的艺术学科已成为向社会生产和社会生活各领域全面渗透的开放性体系。艺术设计也是一门综合性极强的学科，它涉及社会、经济、历史、文化、科学、技术等诸多方面的因素，其审美标准也随着这诸多因素的变化而改变。实践证明：艺术设计贵在创新，艺术设计的成果实际上也是设计者自身综合素质的体现。虽然各个专业对设计者的知识结构要求不尽相同，但不论是平面的还是立体的设计，我们首先要面对的是一个对所设计对象的理解——即与设计对象相关的文化背景、地理环境、历史沿革、材料技术、风俗习惯的理解。基于此，艺术设计这个命题在当前具有很强的文化学意义。近几年来，艺术学科的建设，特别是艺术设计教育越来越引起人们的广泛关注与重视。各艺术教育院校都在积极推进教学改革和加强教材建设，这对我国的艺术设计学科建设必将产生重要影响。

综上所述，化学工业出版社审时度势推出艺术设计专业平面类职业教育规划教材，无疑是对于艺术设计职业教育的一种推动，并将对艺术设计学科的建设和发展带来新的气息。出版社对此项系列教材的开发和各个环节都进行了认真充分的准备，各位编委及作者都是国内各相关院校教学一线的骨干；全套教材特色显著，首先是高等职业教育的特色定位准确，突出了高职教育的特点；其次是内容精练并有机地结合了各位作者自身的优势；图文并茂而不失严谨，可读性强容易理解，加强了对教材的设计、装帧、印刷等环节的质量要求，做到了形式与内容并重，体现出高等职业教育艺术设计类教材的新面貌。

可以预见本系列教材的实用性和适用性将会使教材具有很好的推广价值，对于广大专业人士和艺术设计爱好者来说也具有借鉴和指导意义。我们期待着这套教材能为我国高等职业教育的发展和改革提供参考，也希望这部教材能够在艺术设计教育界同仁们的教学中不断得到修正、丰富和完善。

是为序。

孙建君

2009年5月于北京

前言

CI设计是20世纪60年代由美国首先提出，70年代在日本得以广泛推广和应用，它是现代企业走向整体化、形象化和系统管理的一种全新的概念。其定义是：将企业经营理念于精神文化，运用整体传达系统（特别是视觉传达系统），传达给企业内部与大众，并使其对企业产生一致的认同感或价值观，从而达到形成良好的企业形象和促销产品的设计系统。但是，目前我国的CI尚未成熟，也未融入本国的文化之中，企业的战略规划显得无力，对企业的“经营个性”不够了解，因而CI设计未能发挥企业的优势和特点，创造富有个性的形象。

根据国内CI发展现状，本书中融合了国内外广告公司专家的新观点和新方法，渗透了编者多年来对CI理论研究和教学实践的成果，体现出案例新颖、内容丰富和实用性本土化案例等显著特点。本书全面系统地阐述了CI战略的基本原理，探讨了企业理念识别、企业视觉识别（基本要素和应用要素）和企业行为识别系统原理。书中还配有生动具体的图表和富有启迪的案例，对CI设计的应用部分分门别类地介绍，使本书具有较强的可操作性。本书案例涉及多个行业，房地产业、工业类、城市品牌形象类。这些案例极为翔实，广告的案例是广告人在实际工作的真实操作过程，整套的房地产策划书真实地反映了当下房地产广告CI策划的实际应用……正是这些案例构成了本书的看点。城市品牌形象是随着近年来城市的发展，新兴的城市新区需要城市定位策划与开发，城市品牌定位是当务之急的事情，书中专门举了全套案例说明了城市品牌定位的成因，读者通过这本书可以读解广告公司CI设计策划的工作思路。这本书适用于高职院校营销和设计类学生的需要，同时也是企业（或组织）经营管理者和员工的有益培训教材或参考书。

作为本书的编者在此首先感谢加拿大瑞克飞扬广告（沈阳）公司和沈阳艺者广告，无偿提供CI案例资料，奠定了本书的实际案例的基础；其次感谢辽宁经济职业技术学院的都蕊老师，在视觉识别应用部分的系统设计的章节对每个小节所做的详细的说明，对材料及设计进行地深入的阐述；海口经济学院的吴小波和何章强老师对CI战略的基本概念进行了翔实的解释；最后的CI手册详细制作完全示例由辽宁经济职业技术学院的姚蔚老师编写。一本书凝聚了多位老师对高职教育事业的努力付出，南到天涯海角北到塞外飞雪，正是这本书把南北的同行联系到了一起。同时在此之际更感谢化学工业出版社为本书做了大量的协调工作，才使得本书得以出版问世。

一本书凝聚了高职教育工作者的多年的心血，同时也体现了企业的实践成果。工与学的实际结合表达了高职教育工作者的理想状态。本书编写不足之处还请专家和同行指正交流。

张照雨

2011年5月

目录

第一章　CI概论

第一节　现代企业为什么需要CI

一、CI的概念

CI 也称CIS，是英语Corporate Identity System的缩写，直译为企业统一化系统。是以企业的经营理念、战略思想为指导而规划出的整套识别系统，也称为企业识别系统。

“Corporate”是指“法人、团体、公司”，“Identity”则意为“同一、一致、识别、个性、特征”等，这里的识别，表达了一种自我同一性。也就是说自己对自己的认识和别人对自己的认识趋于一致，达成共识。用在企业上，就可以理解为：企业内部对企业的自我识别与来自企业外部对企业特性的识别认同一致、达成共识。在广泛的CI实践中，人们逐渐统一了认识，CI设计是“将企业的文化、理念、素质、经营方针、开发、生产、商品、流通等企业经营的所有因素，从信息这一观点出发，从文化、形象、传播的角度来进行筛选，找出企业所有的潜在力，找出他的存在价值及美的价值，加以整合，使他在信息化的社会环境中转换为有效的标识，形成独特的形象系统增强市场竞争力，从而提升企业的经济效益和社会效益。这种观念开发以及设计的行为就叫CI”。

CI发源于欧洲，成长于美国，深化于日本。最早感知CI的是德国AEG电气公司（如图1-1），早期成功导入CI的当属美国国际商用机器公司（IBM）（如图1-2），紧随其后的是可口可乐公司，并将其推进高潮（如图1-3），好学的日本

图1-1　德国AEG电气公司标志演变

图1-2　美国国际商用机器公司（IBM）标志演变

图1-3　可口可乐公司标志及应用

人在20世纪60年代就觉察到CI为欧美企业带来了无限的财富，于是他们积极引进CI，并加于深化形成日本式的CI体系。

二、CI系统的构成

CI是一个庞大的战略系统，由三大识别系统构成。理念识别系统：Mind Identity，简称MI；行为识别系统：Behavior Identity，简称BI；视觉识别系统：Visual Identity，简称VI。三者之间相互联系、相互作用、有机配合，共同构成了CIS的战略系统。

1. 企业理念识别系统 MI (Mind Identity)

理念识别（MI）它是确立企业独具特色的经营理念，是企业生产经营过程中设计、科研、生产、营销、服务、管理等经营理念的识别系统。是企业对当前和未来一个时期的经营目标、经营思想、营销方式和营销形态所作的总体规划和界定，主要包括：企业精神、企业价值观、经营宗旨、经营方针、市场定位、产业构成、组织体制、社会责任和发展规划等，属于企业文化的意识形态范畴。

企业理念定位要准确、富有个性、表达简洁独到，才具有识别性。同时，针对企业员工的实际情况，企业的文化水平、经营素质、传统优势等提炼出振奋人心的、上下内外都能接受的，并且能在企业内部变成大家实际行动、企业外部博得社会认同的理念，才能达到企业形象对内激励、对外感召的效果。

2. 企业行为识别系统 BI (Behavior Identity)

行为识别（BI）是企业实际经营理念与创造

企业文化的准则，对企业运作方式所作的统一规划而形成的动态识别形态。它是以经营理念为基本出发点，对内是建立完善的组织制度、管理规范、职员教育、行为规范和福利制度；对外则是开拓市场调查、进行产品开发，透过社会公益文化活动 、公共关系、营销活动等方式来传达企业理念，以获得社会公众对企业识别认同的形式，是企业CI系统中的“做法”。

在CI中，行为识别是最宽泛的领域，也是迄今为止理论探讨最缺乏系统性的范畴。

3．企业视觉识别系统 VI (Visual Identity)

视觉识别（VI）是企业CI形象设计的重要组成部分，是以企业标志、标准字体、标准色彩为核心展开的完整、体系的视觉传达体系，是将企业理念、文化特质、服务内容、企业规范等抽象语意转换为具体符号的概念，从而塑造出独特的企业形象。视觉识别系统分为基本要素系统和应用要素系统两方面。基本要素系统主要包括：企业名称、企业标志、标准字、标准色、象征图案、宣传口语、市场行销报告书等。应用系统主要包括：办公事务用品、生产设备、建筑环境 、产品包装、广告媒体、交通工具、衣着制服、旗帜 、招牌、标识牌、橱窗、陈列展示等。视觉识别（VI）在CI系统中最具有传播力和感染力，最容易被社会大众所接受，据有主导的地位。

随着社会的现代化、工业化、自动化的发展，加速了优化组合的进程，其规模不断扩大，组织机构日趋繁杂，产品快速更新，市场竞争也变得更加激烈。另外，各种媒体的急速膨胀，传播途径不一而从，受众面对大量繁杂的信息，变得无所适从。企业比以往任何时候都需要统一的、集中的VI设计传播，个性和身份的识别因此显得尤为重要。企业可以通过VI设计实现这一目的。对内征得员工的认同感，归属感，加强企业凝聚力，对外树立企业的整体形象，资源整合，有控制的将企业的信息传达给受众，通过视觉符号，不断地强化受众的意识，从而获得认同。VI设计，是企业树品牌必须做的基础工作。它使企业的形象高度统一，使企业的视觉传播资源充分利用，达到最理想的品牌传播效果，酒店VI设计尤显突出。

三、CI三大构成要素的相互关系

三大识别系统相互推动、协调运作，才能为企业塑造独特的形象，带动企业经营的发展。因此，CI的三大构成要素既具有很强的层次性，又具有紧密的关联性。如图1-4所示。

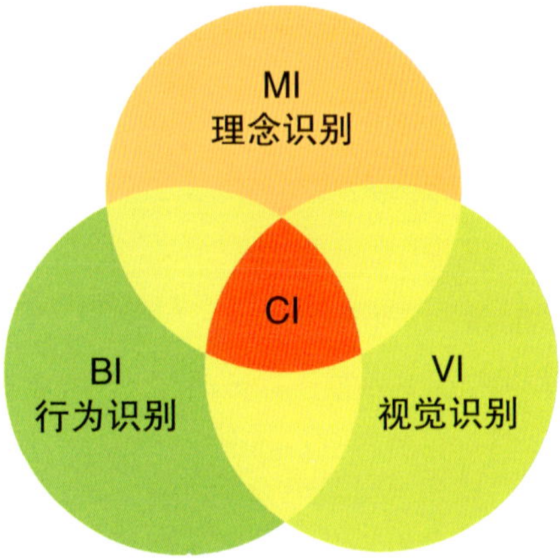

图1-4　CI三大构成要素的相互关系

三大构成要素的相互关系，可概括为三点。

1．各具特点，层次分明

MI设计的重点在心和精神，是CI系统的原动力。BI设计的重点在人，着眼于企业中人的主观能动性的充分发挥。VI设计的重点在物，是一种传播媒介或载体。所以VI是CI的表现层，直接联结着社会公众。BI是执行层、实践层；而MI是决策层，是最高最深层次，发号施令。

企业识别系统构成三要素的结构层次如图1-5。

2．互相关联，三位一体

MI是CI的基础，起“软件导向”作用，左右着企业的素质，决定着企业的发展。MI一经形成，将通过两种媒体对外传播。其中，BI是动态的传播，借助于实物显示出MI的内涵，VI是静态的传播。如果没有MI，VI只能是简单的装饰品，CI系统失去生命力；反之，如果没有VI，MI也将无法有效地传播和表现，MI就是空洞的口号，没有任何意义。所以三者相互联结，缺一不可。

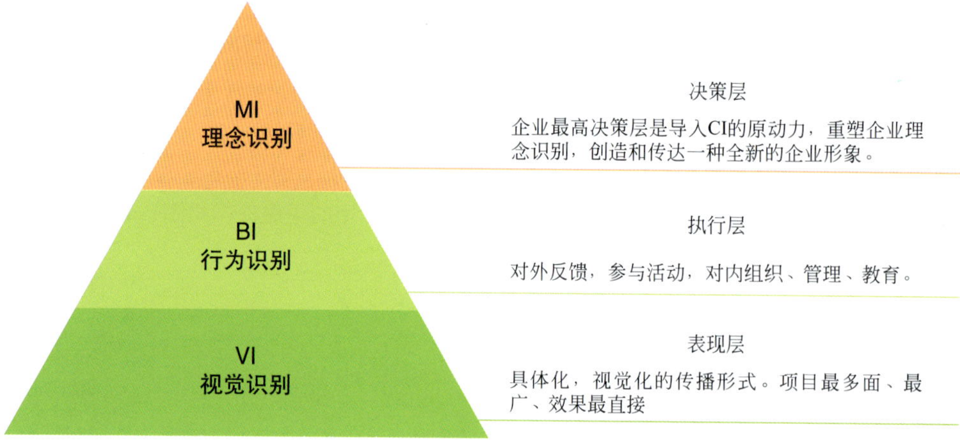

图1-5　CI系统三要素的结构层次

3．高度统一，协调运作

如果把CI比喻成一棵树，那么，MI是树根，BI是树枝，VI是树叶，只有根深树壮，才能枝叶繁茂，成为一棵参天大树（图1-6）。这形象地说明，只有MI、BI、VI三者高度统一，在相互关联中协调运作，才能塑造一个完好无缺的企业形象。

图1-6　CI树

四、CI战略在现代企业中的价值

1．塑造企业形象、提高企业知名度

在当今国际市场竞争愈来愈激烈，企业之间的竞争已不是产品、质量、技术等方面的竞争，已发展为多元化的整体的竞争。企业欲求生存必须从管理、观念、现象等方面进行调整和更新，制定出长远的发展规划和战略，以适应市场环境的变化。现在的市场竞争，首先是现象的竞争，推行企业形象设计，实施企业形象的竞争，推行企业形象设计实施企业形象战略。为统一提升企业的形象力，使企业形象表现出符合社会价值观要求的一面，企业就必须进行其形象管理和形象设计。

一个企业的名字在社会大众、消费者心目中有多大份额，它的产品的使用率有多高，很大程度上取决于该企业的知名度。一个企业知名度高，它的产品就易被认可，就有可能在市场竞争中取胜。CI战略的实施，正是为了提高企业的知名度。它通过一系列同一化、整体化、全方位的理念识别、行为识别、视觉识别的运用，反复植入，在社会公众中造成强烈印象（图1-7）。

图1-7　鱼米之湘饭店的标志及应用/吴小波设计

2. 传达统一信息、塑造良好的企业形象、增强广告效果

CI作为企业形象一体化的设计系统，是一种建立和传达企业形象的完整和理想的方法。企业可通过CI设计对其办公系统、生产系统、管理系统，以及经营、包装、广告等系统形成规范化设计和规范化管理，由此来调动企业每个职员的积极性和参与企业的发展战略。通过一体化的符号形式来划分企业的责任和义务，使企业经营在各职能部门中能有效地运作，建立起企业与众不同的个性形象，使企业产品与其他同类产品区别开来，在同行中脱颖而出，迅速有效地帮助企业创造出品牌效应，占有市场。

企业形象是潜在性的销售额，是无形的资产，良好的企业形象会给企业带来不可估量的社会效益和经济效益。消费者使用该企业的产品时感到放心、满意。企业发行的股票在证券市场上极为抢手，企业对劳务市场上的人才有吸引力，社会各行各业与该企业的合作会更有信心。而CI的目的，正是在于透过内外部综合性的经营努力和视觉系统的整合，以达到社会和顾客对企业产生良好的印象和意识，以便使困挠企业的经营环境转变为有利于该企业的经营条件，最终导致该企业在市场竞争中处于有利条件，而不断扩大市场占有率和取得更好的效益。从上述的一两个直接目的看，CI的作用发挥了广告效能作用，使社会大众大量地接受企业传播信息，建立起良好的企业形象来提高企业及产品的知名度，增强社会大众对企业形象的记忆和对企业产品的认购率，使企业产品更为畅销，为企业带来更好的社会效益和经营效益。例如，人们一看到可口可乐的标志和它的标准色红色，思维马上就联想到“可口可乐”这个品牌，还有它的品牌理念、品质等（如图1-8）。

图1-8　可口可乐新标志启用/陈幼坚设计

3. 突出企业理念、规范企业行为、增进内部团结和凝聚力

企业理念是企业的灵魂。BI和VI的导入和实施，都必须依赖企业理念的确立，以企业定位或企业经营理念为核心。对企业内部管理、对外关系活动、广告宣传以及其他以视觉和音响为手

段的宣传活动在内的各个方面，进行组织化、系统化、统一性的综合设计，力求使企业所有这方面以一种统一的形态显现于社会大众面前，产生出良好的企业形象，突出企业理念。

企业行为识别系统以企业理念为基础，通过企业行为规范的设计，来加强对企业员工的管理工作，缩短管理人员和一般员工的距离，调动广大员工的积极性、主动性和创造性，把“以人为本”的经营理念融入到企业整个管理工作中来。通过对员工价值观和行为观的造就与规范，使员工超脱低层次的狭隘眼光，动员其为共同的企业目标团结成利益一致的有机整体，自觉调节个人与集体之间的关系，培养员工的归属意识、群体意识和参与意识；标准化、规范化的视觉统一设计，能给人耳目一新、朝气蓬勃的感觉，可以为企业创造良好的环境氛围，达到耳濡目染、潜移默化的作用，激励员工士气，使其最大限度地发挥积极性和创作性。增强企业的内部团结和凝聚力，提高企业竞争力。

4. 强化企业文化、展现企业个性

企业文化是推动企业发展的动力。企业的CI系统根据企业独特的文化而建构，具有鲜明的个性，运用整体传达系统（特别是视觉传达系统），传达给企业内部与大众，并使其对企业产生一致的认同感或价值观，从而强化企业文化，展现企业个性，达到形成良好的企业形象和促销产品的设计系统。

企业理念与文化的作用力表现为多方面，如凝聚力、亲和力、竞争力以及整合功能、协调功能、疏导功能等。CI系统对企业文化的整合，会产生一种新的作用，可以形成企业员工新的思想境界，增强企业文化的凝聚力，达到企业的整体性和统一性，使企业运转更加协调和有序。通过CI系统对企业理念和文化的设计与改造，可以使企业理念与文化发挥更大的作用，不断推动企业发展与进步，使企业内外形成一种文化融合，产生信任的效果，从而提高企业的知名度和美誉度（图1-9）。

综上所述，可以看出CI对现代企业的重要性与其CI导入的必要性。由于企业外部经营压力与自我发展的需求，产品同质化的挑战与品牌时代的来临，更因超级利润的诱惑，企业核心竞争力强化的需要，促使具有现代经营观念的企业家们开始考虑面对内外经营环境发生急速变化的应对策略：着手整体规划企业形象与企业文化战略，导入CI系统，以获取竞争优势和企业可持续发展生命力。

China unicom中国联通

图1-9 联通公司通过标志设计及应用，来强化企业文化、展现企业个性

第二节　CI战略导入的契机

一、动机的确认

企业导入CI的目的和原因很多，但一般情况下都要针对企业面临的实际需要，有针对性地设定CI导入目标，实施CI战略。众多的成功案例，都是根据企业形象所存在的问题，来研究确定企业导入CI的动机。大致有如下几个方面。

① 企业名称容易被误解。例：日本石桥轮胎公司（Bridge Stone）

② 企业形象的一贯性丧失。例：日本东京海上火灾公司

③ 企业或产品知名度过低。

④ 企业名称与商品形象不符。

⑤ 某种商品形象超越企业形象。例：日本建伍公司TRIO——KENWOOD

⑥ 企业形象陈旧，难以与时俱进。例：小岩井乳业

⑦ 视觉识别混乱，造成营销障碍。例：柯达

Old　　New

⑧ 经营不当，导致员工士气低落。

⑨ 经营危机，导致企业形象受损。例：克莱斯勒汽车

⑩ 股市形象不佳，影响公司融资。

二、时机的选择

CI作为现代企业的经营策略，企业导入CI是为适应信息时代的来临，导入的目的动机不会完全一样。每个企业都有自己的特点，每个企业面临的问题都不一样，每个企业的发展进程和每个发展阶段要解决的问题也不一样。因此企业在导入CI之前找准目标和选准时机都是非常重要的，可以减少盲目性，最大程度地发挥企业形象的综合效益。因而在选择导入CI的时机上，也会有区别。以下是企业导入CI的最佳时机。

1. 新公司建立

当一家新公司成立时是CI战略导入的最佳时机选择，从无到有，新公司可以抛弃一切成规旧俗，以设定的最为理想的经营理念和讯息传达方式树立良好的企业形象。企业应该结合成立时的各种问题，通过CI的导入，建立起秩序化、规范化的完整体系，以系列性、独特性的识别系统，传达给社会大众，可塑造良好的企业形象。如大新华航空公司成立时导入的形象。

大新华航空公司成立启用的标志

2. 创业周年纪念

导入CI为企业基本的经营策略，而受到重视，不少企业都会利用创业十周年、五周年等周年志庆这一契机，此时导入CI以达到重塑造公

司形象，迈向新的目标，提升员工士气的效果，从而为企业经营再激发活力。如李宁公司在创立20周年之际，发布了其品牌重塑战略。除发布李宁品牌新标识、新口号以外，李宁公司对目标人群、组织架构等方面也做了相应调整。

LI-NING

3. 新产品上市

一个新产品开发成功，需要上市推广之前，引入CI，对产品进行“形象包装”（如图1-10），提炼产品理念，引入品牌概念，创作全新的广告创意，运用CI手续制定周详的上市推广计划，将产品的广告、新闻、公关、促销、直销等手段整合传播，既收到促销效果，又迅速建立起自己的品牌，很好地体现CI“开拓市场利剑”的作用。国内许多名牌产品都是运用新产品上市契机导入CI而取得显著效果。但至今仍有许多企业在新产品上市之前，显得匆匆忙忙，不得要领，毫无计划。他们甚至连产品的商标、公司商号等基本形象识别都不顾得，就匆匆忙忙请广告公司设计包装、创意广告往市场上推。当走了弯路发现问题，再来“规范”则已进退两难，损失惨重。

图1-10　雀巢水养护

4. 活动品牌战略

大多数民营企业革新之初只重视产品营销，以创市场效益为中心，而对品牌意识十分浅薄。故而许多中小企业表现于产品之间、不同子公司之间，商标比较混乱、平庸、缺少文化含量。有的至今仍未形成主导品牌。面对世界经济一体化趋势加快，市场竞争已形成品牌竞争的主流，国内企业品牌意识普遍高胀。为创立品牌而导入CI设计，运用CI进行品牌传播、推广，已成为企业导入CI的目标和时机之一。

5. 公司多元化经营

随着企业的发展，其主导产品由第一步为多久，企业标志、名称等情报讯息发生与原来的性质、经营内容不相符的情形，这时需要的CIS，建立既符合企业实际情况，又能契合未来发展的识别系统，统合新开发产品与企业本体的关系。

6. 公司整合、集团化发展

由于公司发展迅速，向集团发展，为了整合各子公司的商号、品牌、形象、理念、价值观，导入CI已成为集团公司的重要任务。借此建立集团公司的统一形象，整合品牌优势，增强对子公司、关系企业的号召力，形成整体优势，系统化对外集中传播，特别是强化集团理念文化，是增强集团凝聚力、向心力的有力举措。

7. 国企转制

随着国有企业改革开放力度加大，面对激烈的市场竞争压力，国有企业在向公司制改造转型过程中，导入CI已成为一种普遍现象。他们面临将某某工厂重新命名，赋予现代企业商号和形象，创立主导品牌的战略性体系。特别是许多国企在战略重组、上市的时期，更需要借助CI迅速革新陈旧落后的国企形象化，以全新的现代新形象赢得股民和社会公众的信心，给企业发展创造良好契机。

8. 进军国际市场全面同国际经济接轨

原有的企业只盯住国内市场，因此商标多用拼音字母等居多。随着企业发展产品进入国际市场和国际经济一体化趋势，原有的企业和产品标识系统不适应国际市场需要，因此修正和建立新的企业标志、标准等识别系统，成为企业导入CI建立品牌新形象应对策略之一。

9. 克服经营困难，活化企业组织

企业面临经营不善的危机困难或陈旧落伍、业绩衰退时，除了内部的人事改革、制度革新之外，借助CIS革新公司形象，统一视觉识别系统，将有助于经营危机的解决，导入CIS成为最佳方案。

10. 宣传与管理不佳时

企业成长过程中由于产品种类不断增加，包装设计不统一，造成广告宣传不统一，促销形象混乱。这时，企业必须借助CI统筹运作，健全内部管理系统，统一对外传播讯息，以增强产品宣传效果和品牌形象塑造。

11. 连锁或特许经营

连锁经营、特许经营已逐渐成为21世纪主导商业模式。国内越来越多的饮食、服装、化妆品、珠宝、中介服务等，以连锁经营或特许经营的形式，迅速打开全国市场，成为知名品牌。对于这样一步到位，进入品牌经营的商业模式来说，导入CI就更是前提条件了。

12. 公司上市

目前愈来愈多的公司在战略重组中挂牌上市。借着公司成为上市公司的契机，对企业进行全新的"形象包装"，注入现代经营理念，以新的形象、前卫的理念出现在股民和社会公众面前，无疑是吸引资金，推动企业快速发展的必要手段。因此，公司上市前导入CI成为良佳契机之一。

第三节　实施CI战略的基本步骤

一、企业实态调查

企业实态调查，可以说是导入CI策划的前奏。通过企业实态调查，才能发现企业形象现实问题，有针对性地提出导入CI策划报告。一般来说，企业实态调查是由导入CI企业聘请专业机构的专家，为了确保CI设计的有效导入和顺利实施，企业高层与设计公司对CI实施的各个阶段达成以下两点共识：一是设计公司应向企业高层阐述CI战略的功能、意义以及能给企业创造的价值等内容，让企业充分认识CI导入的重要性和必要性；二是成立CI设计小组，双方共同制定工作原则、工作计划、时间进度等详细内容，按进度执行，以便CI的顺利导入。

前期的沟通完成后就是企业实态调查，调查分析是导入CI系统活动中非常重要的一个环节。CI既然是一项适应环境与增强自身活力的活动，其调查内容相当广泛，主要有：对决策层的调查、访谈，对员工的观念、意识的调查，对企业形象的内外调查，对企业信息传递活动实际情况的调查。大致可以分为企业内部状态调查、市场调查和竞争对手调查。只有通过调查才能了解企业现状和发展方向，明确企业与竞争对手的差距，找准CIS定位，并能客观、真实、科学地实施CIS战略。

1. 企业内部调查

对于企业内部的调查与了解，主要在于与企业最高负责人及高层主管人员的沟通，对企业的历史、经营状况、内部的组织、营销的方向、企业经营理念、产品开发策略、员工素质、现有CI等正面、负面问题逐一进行深入研究、分析、整理，作为开发设计正确的导向，从中设定出企业经营的理想定位。其中对企业现有CI系统要加以认真研讨，对其各方面的问题进行重新评价，作为开发新的CI体系设计系统的参考依据。

调查工作重点内容之一就是对内部员工的研讨，他们对内部作业环境、福利待遇、管理体制、作业流程等方面有什么反映与看法，因为员工对企业的忠诚度、归属感、向心力等意识情况的好坏，会直接影响企业经营的成败。

2. 市场调查

市场是企业的外部环境，对于企业外部环境的调查分析，是开发作业前调查工作的重要层面。设计公司要深入市场，对市场的分布、市场产品的结构、有关消费市场与特定对象进行分析研究。首先要了解消费者对企业现有的产品与服务具有何种程度的企业形象，消费群体的收入状况、文化层次、年龄阶段、审美标准、消费能力等。如：市场形象是否认真考虑消费者的问题，对消费者服务很周到，销售网络相当完整，国际竞争力强，善于广告宣传。 除了对消费者进行调查之外，还需要对代理商与经销商进行调查，再依市场需求与未来走向设定相应的战略，其中需要研究竞争企业的经营战略与形象定位，采取相应的措施，创造有利的经营环境。

3. 竞争对手调查

首先要对已经确定的竞争对手进行持续地跟踪了解，搜集对手的信息，尽可能掌握对手的数量、地域分布、经营动向，广告策略及其可能对本公司产生的影响。此外，也可以进行反向思考，即本公司的经营策略可能对竞争对手产生哪些影响。这就需要企业建立一套有序地、能够采集和记录竞争对手信息的搜集系统，并且是能够随时调用的体系。在资料搜集的基础上，企业应当对资料进行经常性的专门研究，从中提炼出竞争对手的优劣势，从而制定企业与众不同的市场定位。

完成以上调查后，从中获取客观可靠的信息资料，撰写市场调研报告，为设计师奠定先行基础。

二、设计开发

在设计开发阶段主要是以调查结果为依据，进行企业的定位设计、构筑理念系统，进而设计成系统的活动传达形式和视觉传达形式，以塑造全新的企业形象。

1. 企业理念的确定

企业理念是CI战略的“心”和“精神”，是CI系统的原动力，是行为识别系统和视觉识别系统设计和开发的基础。战略执行者根据企业实况调查进行各项资料的周密分析，结合对未来经营的前瞻性判断，确定企业的经营思想，得到社会普遍认同的、体现企业自身个性特征的、促使并保持企业正常运作以及长足发展而构建的反映整个企业明确的经营意识的价值体系。对内是企业内在凝聚力，对外则是企业识别的尺度。它是企业战略的核心所在，系统的CI设计工程，从理念识别开始，不管在理论结构还是操作程序上，它都是一个起点，因而CI战略实施中首先是企业理念的设定。

企业理念的设定应该包括以下内容：企业的存在意义，必须明示企业的事业核心，及其经营性质、经营领域、经营目标和社会文化使命；企业的经营方针，必须明确企业如何实现其存在意义与价值的方针与方法；企业的行为基准，必须把明确的经营方针落实到企业员工的实际工作的一系列规范标准中。

2. 识别系统的设计开发

识别系统的设计开发的任务是根据调研阶段所设定的企业导入CI重点、理念定位、形象性，运用企业名称、标志与一流的应用设计因素，以具体直观的形式开发企业形象的有效视觉传达系统，以具体表现企业精神。可分为三个步骤：

A、将识别性的抽象概念转化成象征性的视觉要素；

B、开发基本设计要素，以奠定CI整体传播系统的基础；

C、以基本设计要素为基础，展开应用设计要素的开发作业。

这一阶段艰巨的任务在于标志、标准字、标准色的创造，需要设计尽可能的方案，反复研讨、试作、修正直至定案，以找到最佳的符合企业实态与代表企业精神的符号体系。定案的方案加以精致化作业处理后，才可进行整体的视觉识别系统的开发。

三、CI应用手册编制

CI应用手册是CI开发成果的视觉化呈现，是巩固CI开发成果的必要手段。CI手册不仅决定了企业今后的识别形象，而且是实际作业时设计表现水准的关键。CI手册是将所有设计开发的项目，根据其使用功能、媒体需要，制定出相应的使用规定和方法。编制CI手册的目的在于将企业信息的每个设计要素，以简明正确的图例和说明统一规范，作为实际应用时必须遵守的准则（如图1-11）。

图1-11　中国国际航空公司新CI手册

CI手册的编制形式一般有以下几种。

①综合编制的方法　将基本设计系统和应用设计项目合编在一起，并以活页式装订，以便于修正替换或增补，国内外不少企业采用这种方法。

②基本设计系统和应用设计系统分开编制的方法　依照基本设计系统和应用项目的不同，以活页的形式分编成两册，主要是基于使用的方便。

③应用项目分册编制的方法　按不同种类、不同内容的应用项目分别编制，适合于大公司、集团化、联合企业使用。

CI手册的发行，原则上应作为企业的规章或条例进行颁发，由CI委员会根据手册的项目和企业相关的管理部门发放。CI手册的内容属于企业的秘密，是不能随意泄露出去的，特别是与企业经营战略有关的内容。CI手册应广泛推介和宣传，而不应当作商业秘密锁在保险箱里，因为CI手册本身就是塑造企业形象的元素。我国许多企业部存在一种错误的观念，认为花了几十万制作的CI手册是无价之宝，从不轻易示人，更不作与手册内容有关的任何宣传，这样就丧失了CI的执行力。

四、实施管理

CI手册编辑完成之后，对其管理与维护也是不容忽视的问题。有些企业设置CI专门部门，或由公司某旧有的部门负责CI的管理业务。负责管理CI业务的部门，最好也兼任CI设计手册的综合管理和维护工作。即使手册中明确列出的规定，也常会产生解释、判断方面的疑惑，甚至采取错误的施行方法。因此企业应设置有CI专门部门，进行管理，包括使用CI手册过程中，针对种种事例，作出适当的判断、指导，管理全公司正确使用设计手册的方法。在推进CI过程中，如果设计手册没有列举的要素，就必须制定新的设计用法和规定，同时根据需要给予检讨判断。同时，在推进过程中，还需对设计手册中不符合实际需要的规定，进行修改、调整，在能力范围内，最理想的作法是找负责CI设计开发的设计师商谈，共同制定出设计手册中的新规定。此外，在增补设计手册时，新页数的印刷、散发和已经散发出去的旧手册，必须给予追加的指示和联络。

第四节　CI战略导入组织架构

一、成立CI管理委员会

CI委员会是负责CI战略的核心机构，具有权威性和协调性，是实现企业成功导入CI的组织保证。主要负责确定和协调企业推进CI战略过程中的各项具体问题，包括CI基础知识的普及及培训，实施对企业外部的调研，落实CI推进过程中的运行程序，协调CI各系统的设计开发，预算CI计划的费用投入和落实，以及负责对CI推进过程中各阶段工作的核对等。

1. CI管理委员会的人员组成

由于CI管理委员会对CI战略的推导的特殊地位，决定了CI委员会要由特定的个人或单位来担任，最好由以下三种人组成：企业高层主管与部门负责人、企业外的CI问题专家、专业设计公司人员。人数不宜太多，一般为10～15人，委员会主任最好由董事长、总经理或董事担任，大部分成员为兼任制性质，大型企业有常设机构，且有专职人员负责日常工作。

2. CI管理委员会的职能

① 确认CI系统，关于CI导入的方针和计划等；

② 在公司内部彻底贯彻实行新CI概念；

③ 根据导入方针和系统内容，策划事前调查，并管理调查作业的进行情况，同时举办公司内部员工教育活动；

④ 负责企业内外部的协调沟通，以促进相互间的通力合作；

⑤ 按照上级主管单位批准的概念和计划，制作配合理念表现和识别系统的具体企划方案；

⑥ 管理策划设计过程，制作系统的策划设计要领；

⑦ 各委员应扮演好企业内部建议者的角色，同时为了让企业的员工了解CI计划，有义务进行宣传；

⑧ 导入、实施、跟踪CI设计计划必须循序推行，对作业内容和完成期限负责；

⑨ 对公司内外发表策划设计的结果；

⑩ 整理结论，确认日后的活动计划和管理结构；

⑪ 不断总结在CI实施中出现的新问题。

二、成立CI执行委员会

1. CI执行委员会的人员组成

CI执行委员会是隶属于CI管理委员会的一个具体从事CI策划设计与导入推广工作的专门机构。主要由策划专家、设计专家、市场调研人员、文案档案人员等组成。

2. CI执行委员会的职能

① CI导入的经费预算；

② CI导入的时机和时段规划；

③ CI设计论证报告的撰写；

④ 对企业内外部环境调研分析；

⑤ 对企业的理念、行为、视觉识别和传播系统进行策划、设计；

⑥ 策划CI导入计划方案；

⑦ 负责CI的内外设计推广；

⑧ 对CI设计效果进行跟踪和评估。

第五节　CI战略导入效果测试

企业CI导入效果的测试，就是对企业CI的三个子系统即理念识别系统（MI）、行为识别系统（BI）、视觉识别系统（VI）的具体构成要素进行分析与测定。调查对象是以企业的“关系者的定义”为基础而确定，通常分为企业外部环境测试和企业内部环境测试。

一、企业外部环境测试

外部环境测试范围相对较广，对于企业而言，应该首先选择与企业有直接关系者来进行。与企业CI信息发布有关的对象主要包括：①一般消费者，个人、学生／地区居民，成人，学生，特定部门等；②使用者个人，将来很可能成为使用者（个人）；③将来可能成为交易对象的法人／法人领导人，高级主管，特定单位，一般企业人士；④客户中的法人，交易对象／法人领导人，高级主管，采购，资材负责人，一般员工；⑤流通关系者群；⑥其他关系者，交易对象／股东，金融机构，批发商，合作对象，海外法人；⑦竞争对手的企业等。这些对象的调查测试是有前提的，即在调研阶段，企业CI委员会已就有关问题咨询了上述对象。目前的导入效果测试是在前次调研的基础上进行的。

外部环境测试的主要内容有两方面：一方面是视觉项目的传播效果测试。此测试既可以是就一个基本设计项目进行专题测试，也可以对几个设计要素的组合应用效果进行测试。主要针对设计品位、视觉印象、认知度与识别功能。测试的问题力求全面、系统、针对性强。另一方面是企业总体形象的评价度、认知度的测试。此测试可以取调研阶段确定的关键语作为问题，根据肯定回答者占接受测试总人数的比例，对比调研阶段的成果，揭示导入CI后企业形象的优化程度和在哪一方面取得明显的或较大的改观。

二、企业内部测试

企业内部测试有助于提高CI推行效率。测试的内容应根据具体的CI实施计划与作业情况来确定。问题的设定应该力求简单、明确、针对性强。为了使测试结果能真实地反映实际问题，测试对象的选择很重要，测试对象可以是：①公司员工；②董监事、干部；③与公司员工可以相提并论的内部环境团体；④公司员工的家族；⑤公司员工、董监事、主管的关系机构等。但测试对象最好选择在公司内调研阶段接受过调查的对象。因为他们的回答往往能够具有一种比较意义。企业导入CI前的状况如何？导入CI后的成效何在？目前存在什么问题？有何建议与期望？等，都可以在测试中反映出来。

调查测试应该经常进行。其形式有两种：一种是随时随地随意地询问调查，另一种是定期统一测试。前者可以及时发现问题，也容易获得真实的信息。后者诸如座谈会、听取意见会等形式，对CI推行发挥积极作用，CI导入效果测试一般都是在推行一段时间以后，以某一个整齐的日期为限开展这项工作。座谈会的安排最好选在企业的某项活动节目之后，节假日前的最后一个工作日等。这样既不会影响正常工作，员工的心态又比较积极，有利于畅所欲言。

第二章　CI的策划与设计

第一节　CI调查的原则和程序

CI进行总调查前，应该大概地把握住调查对象的特性或观念，有时也要预先设定有效的假设，因此必须借助有效的准备调查，亦即定性调查。在定性调查中，可以获得对日后调查工作很重要的案例，从有效的形象轴（形象因素）中，发现和指出业界、公司或商品方面的重要因素。

一、定性调查的主要方法和内容

1. 个别访问或打听

① 主要交易对象、流通、生产等关系者：客户、一般消费者、地区居民员工平日对公司的印象和感想；对本公司的商品和服务工作的意见和评价；对公司日后活动的希望和意见。

② 员工、准员工等公司内部关系者：有关本公司活动方面的问题；有关企业形象和识别方面的意识及问题。

③ 公司经营管理和高级主管：有关本公司活动方面的问题；本公司目前的状况，包括营业理念的认识、对公司特色的自我批评，对企业识别和形象的评价，以及对公司未来的经营方针的意见。

2. 团体访问

① 一般消费者、地区居民、客户交易对象，流通、生产等关系者：平日对本公司的印象和感想；对本公司的商品和服务工作的意见和评价；对本公司日后活动的希望和意见。

② 员工、准员工等内部关系者：有关本公司活动方面的问题；有关企业形象和识别方面的意识及问题。

3. 现场观察

调查者必须访问公司，实地观察生产、流通、营业等现场，观察本公司办公场所和活动的特色，包括办公场所的气氛、现场状况、现场活动问题的整顿状况，以及设计和企业识别的适用状况、特色等。

二、实施定性调查的准备工作

施行定性调查时，必须先确认形象调查的目的，这种调查，如果委托专业的调查公司，可以更顺利推展，或由CI委员会自己施行或控制定性调查。

1. 调查对象的选定

① 如果调查对象是一般消费者、客户时，就要选择较具团体平均特性的受访者。如有必要，可根据他们的共同特性来加以分组，然后再从各组中选定访问对象。

② 如果是交易对象或业界关系者，就要选择较了解本公司活动情况的调查对象。

2. 调查表格的设计

① 如果采用面谈的调查方式，就必须准备调查表。这种调查表的设计和定量调查表不同，只需考虑询问项目及其组合问题即可。

② 进行面对面的访问时，对于受访者的回答，必须采取温和对应的询问方式。

3. 实际调查场所的选定

① 决定让受访者到本公司所设置的场所，或由调查者到受访者家中。

② 如果是团体性的拜访，必须集合在大家互相约定的场所。

4. 调查日期和时间

决定调查的确实日期和时间。如果要到受访者的场所，就必须安排好时间，并事先与对方联络。

5. 调查对象的接洽

原本选定的调查对象，可能会无法配合预定的调查日期和时间，所以应准备一份调查对象预备表，对有时间接受调查的对象，优先联络决定。

6. 谢礼以及事后的联络方法等

对于接受调查者，应准备一份谢礼或寄送谢卡。

三、对交易对象的信息调查

1. 对交易对象的消息调查的目的

对一般厂商或公司而言，最重要的关系者就是交易对象。交易对象对公司的评价或印象（即企业形象），自然对公司日后的活动具有相当大的影响力。因此，有关交易对象的调查活动，打听他们对公司的印象或意见，得知他们的“肺腑之言”，对了解公司活动的问题而言，是相当重要的资料。不仅如此，公司在构筑未来的形象方向时，这项资料也具有重大的意义。在CI计划的形象调查中，有关交易对象的调查，通常属于定量调查的一部分，所以消息调查具有补充定量调查的意义。同时，定量调查对定性调查而言，可以用数字的统计结果来加以补充。

此外，根据消息调查，也能掌握受访者的情感或意见背后所潜藏的状况、问题，这是定量调查所无法获知的部分。一般而言，所谓的交易对象，包括销售交易对象、采购交易对象、金融关系的交易对象，以及其他交易关系者。其中，本公司商品的销售交易对象，所具有的影响力最大，因此是定性的活跃的公司，具有相当详细而客观的情报和认识（当然，和本公司订立契约，专门销售本公司商品的代理商不在此限之内）。这类调查结果，可以比较本公司和竞争对手的评价顺位，这也是对交易对象的消息调查的意义。

2. 事前准备

主要的销售交易对象，往往占有本公司相当高的营业比重，有些采购交易对象或金融往来的银行，对本公司或业界也具有的利害关系。所以，对这些关系者进行消息调查时，绝不可和对方发生纠纷。

消息调查大多是在交易对象的场所进行，也就是所谓“访问兼打听”的方式，但在必要之时，也可以邀请对方到固定场所面谈。

3. 调查者

① 打听消息的调查者，原则上应具备这方面的经验和实绩。

② 尽可能选择能使受访者发表客观意见的

调查。有些准备施行CI的公司，往往派不出适当的调查者，使调查效果大幅降低。

③ 有关人员应充分说明调查主旨，给予调查者业界的背景和相关知识等情报。

4. 访问对象的选定

访问调查的对象和定量调查不同，调查样本数不必太多，但必须达到一定数量，一般而言，对于一种具有共同特性的集团，必须选择约10～15个访问对象。

5. 打听消息的对象的选定

① 进行消息调查前，先根据调查目的而寻找能回答询问内容的对象。

② 换言之，打听消息的对象最好是情报丰富，对本公司有所评论和意见，并且能作出客观的评价。

6. 访问邀请函、通知

① 进行消息调查前，必须从本公司送出“调查委托状”和调查机构的“访问调查邀请函”或介绍信等。

② 调查者必须先和对方约定日期、时间和见面地点等。

7. 调查表格

准备调查询问表格，可以邮寄给访问对象，使受访者有充分时间来准备各项询问的回答内容。

四、企业内部状态调查和企业外部环境调查

CI导入是一个过程，在某种意义上，又可以说CI是在抱着某种对过去企业常规的怀疑态度对企业进行正确的再评价与再塑造，而这种思考上的怀疑如何转换成对现实的分析，就要从各方面进行调查，调查分析是导入CI系统活动中非常重要的一个环节。

CI既然是一项适应环境与增强自身活力的活动，其调查内容相当广泛，主要有：对决策层的调查、访谈，对员工的观念、意识的调查，对企业形象的内外调查，对企业信息传递活动实际情况的调查。

1. 企业内部状态的调查

企业的内部调查，可以围绕CI的三大系统展开。

（1）CI的理念部分　我们从其经营方针、领域，企业的现代性与未来性，职工的认同感、责任感和凝聚力，去发现其中的意识清晰或模糊，盲目或有的放矢，认同度不高或散乱，从而评估其是否具有活力或老化，在这个过程中寻找到能够承担企业良性运行的新理念，使企业转危为安，完成企业的使命。

（2）CI的视觉识别部分　要了解企业的知名度，信誉度，以及产品的认知度，产品形象，信息交流渠道畅通，国内、国际市场状况，个性特征等，发现如何去适应现代性、国际性，使品质更优秀，更有利于公众接受，树立良好的企业形象。

（3）CI的行为识别部分　主要是对企业内部状况的了解，如管理水平、活力状态、观念和作风、人员素质、行为规范等。

2. 企业外部环境调查

企业的外部环境调查涉及企业的视觉识别和活动识别两大部分的内容，具有一定的广泛性和社会性。了解社会公众对企业形象的看法并对存在的问题加以解决，是导入企业识别活动的主要课题。因为，导入CI系统的最重要的目的，就是在市场上或社会公众心目中塑造良好的企业形象。这类调查通常采取的方法有三种：即抽样调查、访谈调查和大众传媒报道的分析。

我们知道，企业形象是由知名度、美誉度以及形象定位所组成的，这三个要素只是抽象的概念，必须对它们的可操作性方面进行度量。为此，我们设计出四个具体的度量指标，这就是：企业认知度、广告接触度、企业形象的评价度、企业形象综合要素。其中，企业认知度和广告接触度是表示企业知名度的，企业形象评价度和企业形象综合要素是表示企业美誉度的；这四个指标也都能反映出企业形象定位。

（1）企业认知度　企业认知度是指社会公众

对企业了解的程度，即企业的知名度。企业知名度是企业形象的基础，没有知名度，就谈不上企业形象。

在进行CI设计前，必须首先对企业现存知名度进行调查，只有弄清了企业知名度的状况，才能在此基础上进行新的知名度传播设计。

企业认知度分为五个等级：

① 非常了解该企业所经营的产品和服务；

② 大致了解该企业所经营的产品和服务；

③ 知道该企业所经营的某些产品和服务；

④ 只知道该企业的名称，而不清楚企业所经营的产品和服务；

⑤ 对该企业的名称、产品和服务均一无所知。

对企业知名度的调查应该通过划分市场来进行，因为不同的市场，其知名度是不一样的，一级目标市场肯定高于二级目标市场，二级目标市场肯定高于三级目标市场。为了调查的准确性，应该在三级目标市场中各抽取一定的样本进行调查，并得出三级目标市场的知名度，这才能真正反映企业的知名度。不过为了方便，人们常将三级目标市场的知名度按一定比例进行相加，得出企业的总体知名度。

3. 企业广告度

这是调查公众对企业广告的接触情况。凡广告接触度高，企业的知名度就高，一般而言，如果没有负面信息，凡知名度高的企业比知名度低的企业具有更好的形象。

广告接触度调查主要了解下述内容：

① 广告播出的次数和频率；

② 抽样了解公众对广告的知晓程度；

③ 抽样了解看了广告而购买商品的顾客比例；

④ 抽样了解看了广告不买商品的顾客比例；

⑤ 抽样了解公众对广告的认可度和拒绝度。

4. 企业美誉度

所谓企业美誉度就是公众对企业的褒贬程度。有好的知名度，不一定有好的美誉度。建立企业形象，应该建立企业美誉度，只有有了良好的美誉度，才会产生良好的企业形象，才会产生经济效益。

对企业美誉度的调查，可以从如下问题入手：

① 公众对企业的印象是最好的、好的、较好的，还是差的、较差的、很差的；

② 公众认为企业是一流的、二流的、三流的，还是根本不知道；

③ 如果公司发行股票，公众是一定买、可以买、不买，还是不知道；

④ 如果公司招聘员工，公众是一定去、可以去、不去，还是不知道。

通过上面四个指标，一般就可以了解公众对企业的美誉程度了。

5. 企业形象评价度

企业形象评价度是提出三个等级，即优秀企业形象、平庸企业形象和恶劣企业形象，分别让被调查者回答属于哪种。

① 优秀企业形象：经营效率高，产品质量优秀，居同行业领先地位，价格合理，服务诚实可信，心中想着顾客利益，有令人感兴趣的广告。

② 平庸企业形象：没听说过它们，只是普通的一家，无足轻重，让人生厌的广告。

③ 恶劣的企业形象：污染源，我不信任它们，不友好，效率低，质量低劣，什么也不拔尖，虚假广告，办事拖拉，店面脏乱不堪，唯利是图，服务不周，欺骗，墨守成规，逐渐在同行业消失。

一个企业形象的优劣，主要取决于这个企业长期以来的经营行为和宣传行为。良好的形象一旦树立起来，它的作用有时将远远超过有形的固定资产。

6. 企业形象调查的“关键语”法

还可应用“关键语”法对企业的基本形象、市场形象、技术形象等进行调查。

① 基本形象：很安定，社会性，对社会贡献，有人才，风气好。

② 市场形象：有依赖感、有信誉、一流企业、大企业、规模大、很想买这家公司的股票、合乎时代潮流；经营者很有魅力、经营者优秀，商品依赖度高、品质好、有独特性、广告宣传好，善于塑造形象；组织进行文化活动、文化气氛好等。

③ 技术形象：有尖端技术、技术水准高、

产品和技术领先时代、具有国际性、领导时代潮流。

调查可依据上述分类词语，转换成可操作的指标，从正、负两方面展开调查。当然，调查时需要有选择地使用上述概念。

第二节　CI调查的具体实施

CI调查计划开发的作业程序，大体上可以分为三个阶段：企业实态调查阶段、设计调查开发阶段、实施管理阶段。

一、企业实态调查阶段

进行CI计划的开发作业之前，应先从企业内部与外部两个方面对企业的实态进行调查工作，以获取必要的客观资料。

1. 对于企业内部的调查与了解

主要在与企业最高负责人及高层主管人员的沟通，对企业的经营状况、内部的组织、营销的方向、企业经营理念、产品开发策略、员工素质、现有CI等正负面问题逐一进行深入检讨、研究、分析、整理，作为开发设计正确的导向，从中设定出企业经营的理想定位。其中对企业现有CI系统要加以认真研讨，对其各方面的问题进行重新评价，作为开发新的CI体系设计系统的参考依据。

调查工作重点内容之一就是对内部员工的研讨，他们对内部作业环境、福利待遇、管理体制、作业流程等方面有什么反映与看法，因为员工对企业的忠诚度、归属感、向心力等意识情况的好坏，会直接影响企业经营的成败。

2. 对于企业外部环境的调查分析

这是开发作业前调查工作的重要层面，要对有关消费市场与特定对象进行分析研究，首先要了解消费者对企业现有的产品与服务具有何种程度的企业形象，例如，

市场形象：是否认真考虑消费者的问题，对消费者服务很周到，销售网络相当完整，国际竞争力强，善于广告宣传。

技术形象：是否技术优良、研究开发力旺盛，对新产品开发很热心。

未来性形象：是否合乎时代潮流，具有现代感，积极进取，不断革新。

外观形象　：是否具有信赖感、稳定性、传统性、企业规模大。

经营者形象：经营者是否优秀，希望购买该公司股票，希望子女在该公司任职。

除了对消费者进行调查之外，还需要对代理商与经销商进行调查，再依市场需求与未来走向设定相应的战略，其中需要研究竞争企业的经营战略与形象定位，采取相应的措施，创造有利的经营环境。

对企业内外部情况调查完成后，应拟出具体的方案，交由企业高层负责人认可。

二、设计调查开发阶段

这一阶段的任务是将第一阶段所设定的识别理念，转换成系统的视觉传达形式，以具体表现企业精神。可分为三个步骤：

① 将识别性的抽象概念转化成象征性的视觉要素。

② 开发基本设计要素，以奠定CI整体传播

系统的基础。

③ 以基本设计要素为基础，展开应用设计要素的开发作业。

这一阶段艰巨的任务在于标志、标准字、标准色的创造，需要设计尽可能的方案，反复研讨、试作、修正直至定案，以找到最佳的符合企业实态与代表企业精神的符号体系。定案的方案加以精致化作业处理后，才可进行应用体系的开发作业。

三、实施管理阶段

设计系统开发完成后，即进入全面导入实施CI的阶段。需由最高经营管理层至基层的员工来全面贯彻，内部统一后，方能对外进行传播。

1. 企业内部设立CI委员会

CI导入之初，规模较大的企业应在企业内部设立CI委员会，负责规划、执行、管理CI的运作，并定期实施CI进度、品质、成本的核对与检查，并继续聘用担负识别计划开发的设计顾问公司为企业顾问，从事日常执行情况的处理，协助企业全面推行CI并监督长期实施的效果。

2. CI总概念的整理

企业参考事前调查的结果，来重新评估企业理念，构筑新的企业经营战略——也就是形成CI计划的方针，并作为未来的管理作业的方向，这一连串的构思，统称为“总概念”。CI范围的扩大、成就、效果好坏，完全取决于CI总概念的整理、企划方法。

总概念报告，就是有关 CI的初级企划书，主要是根据公司的客观事实，再构筑出适合于公司的企业理念，也可说是对公司最高主管的建议书，因此必须具有解决问题、改善体质、引导方向的功能。总概念必须能针对调查结果，表达出正确的判断，进而提供有关CI的活动指南和改良建议，深入浅出地指出未来企业应该具有的形象，并明示往后一连串的CI作业和管理办法。总概念的内容大致如下。

① 调查结果的要点：加以扼要地整理出事前调查的结果，对其中的重点加以解说。

② 企业的 CI概念：包括公司未来的作风、理念、形象、活动领域、方针、重要概念。总之，必须把公司未来的概念作完整而扼要的叙述。

③ 具体可行的策略：为了具体地表达上述概念，所以应列出实际可行的做法。

④ CI的设计开发要领：具体而详细地记载CI设计开发计划，使它能立刻展开作业。

⑤ 和CI有关的补充计划：为了顺利达成CI的目标，除了必须设计开发计划外，还得配合公司对内、对外的讯息传递计划，以及各种相关计划。

总概念的整理作业，可交由公司内部的幕僚来进行，或是聘请外面的专家，但无论执行者是谁，真正的重点在于内容。

3. 转化为系统化的视觉传达形式

由于CI是以塑造企业形象为主，彻底运用视觉上设计系统的一种技法，因此在以往所做的调查、企划，最后若不能以视觉开发计划的方式来表现，将会失去意义。

在企业的最高负责人批准CI企划案后，即可展开CI的作业。此时公司内部最关心的，当然是导入CI后“企业问题”能否解决，以及用什么方法来推行CI等。因此，企业可能会设置“推行委员会”，并派遣专人来负责此事。进入CI的设计开发阶段后，前面各项作业所设定的识别概念、经营理念，都将在这个阶段中转换成系统化的视觉传达形式，以具体形式表现企业精神。

其他应改变的观念，如在设计上，应考虑企业经营情况、市场掌握程度以及企业文化、企业理念等种种无形因素，建立CI的过程，是一连串相当细密的作业。不应只是修饰外表或强调视觉印象的美观与否等有形符号的呈现。

第三节　调查资料的整理与分析

一、企业CI资料整理

资料整理就是将调查搜集到的资料进行科学加工、综合，使之系统化，这项工作一般有以下三方面的内容。

1. 调查资料的审查

主要是审查通过问卷或采访搜集到的资料是否准确，合乎客观实际；资料与资料之间是否相互矛盾；调查资料的搜集是否完整、全面，问卷回收率与项目回答率是否符合要求。

2. 资料分类与汇总

主要是对调查对象的答案与采访内容进行正面与负面印象、肯定程度与否定程度的分类。然后通过人工或电脑进行汇总。

3. 编制统计表

在分类与汇总的基础上，编制统计表，为统计分析奠定基础。

二、企业CI统计分析

统计分析就是根据已整理好的调查资料进行有目的的系统分析。

可以立项进行分析的问题如下。

1. 识别性问题

通过对调查资料的系统整理，判断该企业的诸印象因素是否具有鲜明的个性，给人以美好的、深刻的印象。如果是识别性不强，是什么原因造成的？是总体形象有问题？设计落俗套或雷同？还是诸形象项目不协调甚至相互矛盾？

2. 统一性问题

以识别为目的的诸形象项目之间，必须具有个性的一致性，否则则失去了企业形象的表现效力。如果企业的总体形象与基本设计因素风格不符甚至矛盾；如果企业品格与品牌形象相矛盾，都会出现统一性问题。

3. 形象值侧重问题

不同行业的企业的形象值有不同的侧重，或外观形象，或技术形象，或市场形象，企业形象系统的表现侧重点必须与企业的行业特征相一致。

4. 认知度问题

企业形象认知度的高低是企业形象的直接表现。

5. 形象管理的有效性问题

从应用设计因素的审查与总体形象有关项目的调查结果中，发现形象管理的现状与问题。

除了设计开发计划外，还要做出企业对内、外的信息传播计划。传播计划的制定应该考虑的基本项目有发布的对象、范围、媒体选择、活动安排、发布日程等。

到目前为止所整理出来的调查报告，可以归纳成下列两种报告：其一是资料明细报告，这是调查小组所做的第一次报告，说明各个调查的明细资料，当然也包括小组间的比较资料。另外一项是以明确报告为基准的调查概略报告，概要列出调查种类，以及提出简单结论的资料。

第四节　CI的策划和基本程序

CI的策划的基本程序，可分为五个阶段。

一、CI策划的准备

以公司经营者为中心的筹划委员会，先研究CI计划，慎重讨论企业必须实施 CI的理由，了解实施CI的意义和目的。然后，再决定CI计划的大概范围：是只改良企业标志、象征造形呢？还是要彻底、重新检讨整个企业理念呢？

CI筹划委员会的成员，一般而言都是从公司内各部门的中级主管中选出，以 5～10人为最适合。同时，企业还可以请专家来公司演讲，或派人到已经实施CI的企业请教学习。

一旦决定要实施CI，就要组织CI委员会，来设计今后计划的预定时间表，并同时决定由哪一家专业 CI设计公司负责。一般CI计划的导入时间约需一年半左右，最短也需一年的时间。

二、企业现状分析

现况分析包括企业内部环境和外部环境。

关于企业内部环境的分析，必须先进行意识调查，企业最高负责人必须与各部门主管进行会谈，甚至和员工面谈，再进行企业形象调查、视觉审查等活动，找出公司当前面临的课题，使CI计划中的主题明确化。

企业外部环境的分析，是指对现代社会的分析，如当前市场状况的分析、其他企业的形象分析等相关分析活动，以确实掌握本公司在行业中的地位，并探索、检讨公司今后的存在位置。

三、理念和领域的确定

根据第二阶段对现状的把握，便可进而重新检讨企业理念和事业领域。

以企业的经营意志和社会、市场背景等为基础，预测十年后、二十年后的情况，以确定公司的事业领域。同时，将现存的企业理念和现在、未来相对照，据此而规划出企业的活动范围。

四、企业结构的调整

根据企业理念、事业领域来检讨企业内部的结构后，着手改善企业素质的工作就必须紧接着展开。

在外界CI专业公司或幕僚人员的协助下，设定企业内的组织和体制，以及讯息传递系统，以塑造新的企业素质。

五、表现整合

“表现”包括行动表现和视觉表现两方面。

1. 行动表现

是指透过企业结构的调整过程，必然会表现出来的新企业活动，关于员工行动方面，可积极推行内部促进运动，展开全公司的企业理念浸透计划，使企业整体的行动统一化。

2. 视觉表现

是指企业在视觉媒体上的表现，也必须加以统一。根据统计，在人的生理性情报的摄取机能中，视觉情报约占 80%，所以必须特别重视。

设计表现的综合是传递企业形象的利器，它和讯息传递的效率化，媒体制作的效率化，也有密切关系。

这个阶段的工作，更可细分为：基本设计要素的开发、应用设计系统的开发、实施设计和实施系统的开发等几个阶段。

基本设计要素包括标准字、企业标志、公司名称标准字等视觉要素。在过去，企业标志是必然要重新开发的项目，最近更出现一种新的趋势，即利用公司名称标准字的标准化，而达到象征的效果。一般而言，将公司名称的英文标准字设计成标志的形式时，大致以 4～5个字为限。

制作应用设计系统时必须考虑，企业主要是采用哪一种讯息传递媒体来表现日常的企业行动。如果是制造厂商，则产品和产品包装是主要媒体；如果是连锁企业，则以各店铺为主要媒体；如果是运输业，主要媒体当然是车辆。其他一般的应用项目包括事务用信封、信纸、识别标志、制服，以及宣传、广告的各种媒体等。

整体而言，企业要一口气改善所有的设计并使之统一化，的确不太容易，还必须考虑到费用和时间的问题。所以企业可以根据优先顺序，逐步变更。至于CI策划的过程和重点，则随各公司的情况而异，不能一概而论。

以上五个阶段，只是CI策划的基本程序。CI策划中各阶段和程序的配合，依各企业情况而异，企业一定要考虑公司本身的需要和状况，才能发挥 CI的效果。

第五节　CI的设计程序

一、调查研究阶段

在确认导入CI的方针和目的后，有实行企业对象调查的必要。这是对企业历史的回顾，现状的分析，为开发设计提供可靠的依据。

1. 企业自身研究

包括：历史沿革、企业组织机构、经营方针、营运能力，领导层经营理念、广告意识、员工素质，现行市场销售策略与对应措施，企业发展的潜力评估，近期与中长期既定发展目标，企业优势和缺陷的分析与评估。

2. 市场调查

包括：国内外市场产品的结构，产品的市场分布，产品的市场含量，销售价格，销售渠道。

3. 竞争者研究

包括：同业竞争者的数量，地域分布，其市场占有量，其经营方针、特点、销售渠道的调查。竞争者的广告策略、广告预算、广告种类、广告特点的调查。

4. 消费者调研

包括：消费者的生活意识、购买动机、购买能力、地域区划、文化层次、年龄层次，审美观念等的研究，以及潜在的市场消费者的调研。

5. 产品自身研究

包括：产品种类、特点、功能、质量、价格、外观造型、成本调研，调整产品结构的可能性与可行性评估，潜在价值与附加价值的调研。

6. 广告策略研究

包括：现行广告的战略思想与政策原则的再研究，广告种类与各占的比重，媒体的选择，发放频率，以及广告预算、广告主题、制作水平、大众反应如何等。

二、CI设计开发阶段

当今社会是以“激烈化”、“多样化”、“专精化”等三轴为中心而不断地发展变化。由于科学技术的不断发展，商品的品质、生产技术、销售价格均趋向“同质化”，唯一的差别就在于形象好坏。企业为了扩大“市场占有率”，提高士气，促进员工的向心力，利用信息传递活动来维持外界对企业的好感，依赖于运用CI来塑造企业形象，以增进差异化的竞争能量。

1. 标志与标准字设计开发

CI的目的是与竞争对手产生差别化，形成适合本公司活动的环境。CI竞争即是企业间的个性竞争，因此缺乏差异化的CI概念是有价值的。在整个企业识别系统的视觉设计中，应用最广、出现频率最高的是商标，它是视觉设计的核心。商标在消费者心目中是企业、品牌的象征。由此可见，设计一个构思独特、格调清新、单纯强烈、简洁明确的商标是CI战略中关键性设计。

标志确定后，一般应用在两大类媒体上，一类是各类印刷品等小型应用设计上，通常用精致的墨稿去放大或缩小；另一类是为了适应建筑物，招牌等大型应用设计场合，不可能用墨稿去放大，为了不致于标志产生变形，致使社会大众产生误解，影响形象，我们制定标准制图是必要的。

标准制图法种类很多，大多采用方格制图法。方格的密度依标志图形的繁简程度而定，图形越简单，密度越稀，总之，以方便制作为准。

标准字是企业识别中基本要素之一，往往与商标同时使用，出现频率很高，运用广泛，几乎出现于所有的应用设计中。标准字的设计处理不但是信息传达的手段，也是构成视觉表现感染力的一种不可缺少的要素。由于标准字本身具有说明，又具备标志的识别性。因此，合二为一的字体标志越来越受到重视。

标准字体包括品牌标准字和企业名称标准字。它们的基本功能都是传达企业的精神，表达经营理念。就是说标准字是根据企业名称、商品品牌而精心设计的字体，对于每一个字的间距、笔画的粗细、长宽的比例、造型要素等都是经过严密推敲和严谨制作的。

（1）准确性　文字是一种视觉语言，同时又是一种可供转换的听觉语言。人们要在瞬间读出企业名称、品牌名称。这就要求标准字体做到最大限度地准确、明朗，可读性强，不会产生任何歧义，更不会“猜字”。这是标准字的基本要求，由于人们生活节奏加快，他们不愿意把时间延误在仔细阅读和分辨文字上。

（2）关联性　标准字体的设计，不只是考虑美观，它要和商品的特性有一定内在联系。如果没有关联性，就失去了目的。不同的字体由于笔形与组合比例不同，给人的知觉感应也大不相同，有的浑厚有力，有的却柔婉秀丽，有的活泼流畅，有的庄重大方。要充分调度字体的感应元素，唤起大众对商品本质的联想。

（3）独特性　标准字同样具有标志识别性的功能，众多的文字排在一起，字形、笔画都有很大的差异，这给设计提供了种种条件，有些是有利条件，有些是不利条件。我们的任务就是要充分发现挖掘有利条件，寻求适当的表现方法，设计出独具一格、有震撼力的字体来。如果不独特，就吸引不了注意力；如果不能造成震撼力，印象就不会持久。

2. 标准色设计开发

标准色是企业指定一种或几种特定的色彩作为企业专用色彩，利用色彩传达企业的理念，塑造企业形象。合理的色彩设计运用到各种媒体上，能对人的生理、心理产生良好的影响，给人们带来美好的联想。

标准色并不都是单色使用，一般有下列三种情况。

（1）单色标准色　单色标准色强烈、刺激，追求单纯、明了、简洁的艺术效果。

（2）双色标准色　双色标准色追求色彩搭配、对比的效果。还有一种情况是标志是单色，但并不是企业的标准色，企业标准色是另一种色彩，如富士胶卷，标志是大红色，而企业的大面积色彩是绿色，这种情况我们也可以理解为双色标准色。

（3）标准色+辅助色　有许多企业建立多色系统作为标准色，用不同的色彩区别集团公司与分公司，或各部门，或不同类别商品。利用色彩的差异性达到瞬间区分识别的目的，但有一种色是主要的。

3. 吉祥物的设计开发

在整个企业识别设计中，吉祥物设计以其醒目性、活泼性、趣味性，越来越受到企业的青睐。利用人物、植物、动物等为基本素材，通过夸张、变形、拟人、幽默等手法塑造出一个亲切可爱的形象，对于强化企业形象有可估量的作用。由于吉祥物具有很强的可塑性，往往根据需要设计不同的表情、不同的姿势、不同的动作，较之严肃庄重的标志、标准字更富弹性、更生动、更富人情味，更能达到过目不忘的效果。

4. 应用设计系统的开发

CI的设计系统，必须从基本要素系统开发

做起，将以上各项基本要素设计定型、规范（包括标准范例和禁止使用范例），再将之运用于应用项目中。

应用系统分类如下。

经营系统：和企业生产经营业务相关活动领域里的CI开发和应用。

产品系统：和企业所生产出来的产品相关领域CI开发和应用。

管理系统：与企业日常管理工作相关的事务领域CI开发与应用。

运输系统：与企业生产经营活动中交通工具和运输设备相关领域CI开发与应用。

办公系统：与企业处理日常行政性事务相关的办公领域的CI设计开发与应用。

用具系统：与企业为生产经营管理和行政事务所备用具相关的领域CI开发与应用。

内环境系统：与企业生产经营环境相关的领域CI开发与应用。

制服系统：与员工身着制服相关领域CI开发与应用。

宣传系统：与企业理念和形象宣传有关领域CI设计与应用开发。

广告系统：与企业通过大众传媒向社会公众发布广告有关领域的CI开发与应用。

三、实施设计系统管理阶段

一般的方法是，先具有代表性的应用项目和设计范例，再把它们规格化并制成企业识别手册。这样就可以以手册为标准，实施内部的管理和制作。

要使设计与管理准确，制订一份严格的CI手册十分重要。CI手册一般由“基本规定”和“应用规定”两部分组成，可以编成一本手册，也可以分为两册。手册的编排形式并不重要，只要便于使用，说明清楚就行。

良好的设计与管理，是达成CI成效的最终条件。严加遵守手册内的规定，虽然是必须的，但规定的目的只是为了确保作业的水准。对于那些有工作能力的人，手册的规定非但不会阻碍其创造力的发挥，反可助一臂之力。CI手册是企业界极重要的智慧资产。

第六节　CI的实施及评测

一、CI计划的途径

CI的导入计划是一种程序，按照理论和预定时间，循序进行作业，以便达到所期待的成果。所以，如欲获得良好的CI效果，就必须制定理想的程序。那么，如何制定适合公司CI导入程序呢？关于这个问题，CI委员会必须充分检查，制定合乎企业目的和方针的程序。一般而言，CI程序通常以CI导入计划的形式表现。

各公司的CI导入计划，会依企业特性和问题特性而有所不同，但其原则性的程序则大致相同，均可划分为“调查”、“企划”、“实施”三大步骤。调查工作必须把握现状、观测事实，并加以分析。许多公司在导入CI时，事前调查作业不够充分，因此无法掌握现状，常制作出缺乏依据的企划；这种企划内容不合理，根本无法获得良好成效。

企划必须以调查结果为基础，配合基本思想，根据政策方向和表现重点而提出构想，同时为了利于实施作业，最理想的企划是明确指出具体可行之道。CI的实施阶段是根据企划内容，以新思想为基础而开发出新的识别系统，并且将此新系统向公司内外发表。

二、CI的作业流程计划

CI导入计划有其预定的实施期限，包括许多复杂的项目，必须循序渐进，才能得到合理的结论和优秀的视觉系统。此外，为了配合企业目的，在计划阶段应注意如下各项问题。

1. 进入实施成果阶段前的期间不可太仓促

所谓“先下手为强”，企业活动亦然。但是在公司确认CI的导入方针后，如果匆忙而机械地勉强排定计划，反而会产生反面效果。有些公司的总经理或高级主管不了解这点，一定要按照排定的期限，订立勉强的流程计划，以便配合公司周年纪念日的庆典等情况。其实，配合周年庆典来发表CI的作法，必须在期限内办理的事项很多，包括“方针的确定”、“公司名称的确定”、“企业标志的确定”、“基本设计系统的确定”、“对外界发表”、“适用设计的相关事宜告一段落”等，为了节省时间，而计划把这么多的工作勉强在仓促的时间内完成，容易变成一份难以实行的CI计划表。

2. 设计开发作业的时间不可太仓促

CI的设计开发作业中，最重要的是在基本设计开发期间由参加设计者充分地加以检查。在设计开发作业的最初阶段中，为了让大家能提出优秀的构想，做设计造型的探索等，就要安排充分的检查时间；之后，进入实际作业时，也须有足够的时间，不可订立机械性的不合理计划，强迫工作人员仓促赶工，使得实施作业困难重重。

3. 重视逻辑性而循序推进CI作业

CI的计划过程、背景、导入的必然性和成果等结论，以及CI开发的经过，都必须利用对内、外发表的机会加以反复说明，绝不可马马虎虎地推行CI，丧失公司本身对员工和外界人士的说服力。尤其在推进CI计划时，有关企业问题的探索、调查工作、根据调查结果而做判断的过程，如果进行得不理想，日后便很难对内部员工或外界人士说明清楚，同时也会使得CI的成效不好。因此，不论高级主管们如何要求赶工、赶时间，CI作业都必须确实执行，重视逻辑整合性而循序渐进。

4. 变更公司名称、品牌时，必须办理法律手续，制定充足的作业时间

公司名称的变更须通过股东大会的决议，而品牌的更新也须办理有关商标权的法律手续。尤其是商标权的确定，如果办理得不顺利，往往会历经两三年的时间；这种花时间的作业，事先必须考虑周详，才能制定出实用性强的CI计划。

5. 发现CI计划不合理时，应尽快重新制定

CI计划的流程安排，必须考虑前后作业间的关联性，因为前面的作业结果必然会影响到下一步作业。根据调查结果，有时也需安排追加调查；综合性的检查结果，有时会产生需要变更公司名称的情况；识别系统的企划，也会影响设计开发的条件；有些设计需先做各种测试，或重新进行设计开发作业。因此，如有必要，应重新编列流程图，如果一开始就想制定出完美的流程图，可以说绝无可能。所以，负责的相关人员应时常考虑实际状况，出现必须追加或删改的重要作业时，应毫不犹豫地重新计划，务必制作出最适当的计划，这就是正确的管理概念。

三、CI实施计划作业表

1. CI计划的开始和确认

① 有关导入CI的企划被批准，CI计划的实行正式地得到公司内部的承认。

② 公司内部与CI有关的主管和其他相关人士，确实执行确认作业。

③ 和公司所委托的机构（外界幕僚）订立基本契约。

④ CI委员会等的设置，包括：设置CI委员会、选定委员会负责人和事务局负责人。

⑤ 体制检查，包括：以CI委员会为中心，检查有关CI的期待成果和现状问题；如有必要，应通知相关单位来参与讨论。

⑥ 说明表：请公司内部的主要员工记下有关CI的现状问题，以及对CI的期待事项。收回说明表，经过分析后再加以整理。

⑦ 体制整理、CI导入方针的确认和决定。a. 以体制的检查结果和说明表等为基础，整理CI体制。b. 使CI计划的推进方针明确化。c. 如有必要，可设置执行委员会来协助。

⑧ 实地考察事业部和流通部。a. 确实施行对外界幕僚的方针确认作业。b. 为了让外界幕

僚机构了解公司情况，可安排他们到本公司的事业部和流通部，进行实地考察。

⑨ 公司内部的讯息传递活动。a. 唤起公司员工的CI意识，进行内部启蒙教育，使成为企划讯息的传递、媒体。b. 发行“CI消息”等刊物，进行公司内部的启蒙活动，并分别举办各阶层员工的说明会。

⑩ 调查体系的企划。a. 根据体制并以客观地调查企业形象的实态为目的，安排调查对象、调查方法、调查理论。b. 确认调查方针。

⑪ 调查设计、调查对象和方法的确定。a. 选定调查对象和调查方法，具体施行有关调查问题和问卷的设计。b. 事先预估调查作业，选择适当的调查机构。c. 确认调查作业的概略计划表。

⑫ 选定调查机构。a. 与选定的调查机构订立契约。b. 确认调查顺序、调查内容的明细计划表。

⑬ 调查准备。a. 根据调查计划而进行准备工作，例如：取样、印制问卷、分配调查工作等。b. 调整并事先约定访问对象。

⑭ 实际调查。a. 确实旅行公司内、外部环境的调查作业。b. 整理收回的调查问卷，安排统计分析作业。

⑮ 调查结果的统计分析。a. 完成定量调查后，根据调查资料而进行统计分析。b. 收集定性调查结果的资料，并加以整理。

2. 项目作业内容

（1）项目的提供

①根据情报项目的需要，设计问卷调查表。

②将有关项目提供的方式和期限等计划立案，同时对内部进行传递和说明工作。

③整理项目收集的结果。

（2）视觉审查　分析旧有的识别系统和识别要素，进行设计的视觉审查

（3）访问负责人

①直接访问负责人，了解其意向。

②向企业经营的负责人请教其企业理念，以便了解公司未来的活动方针，以及探索有关视觉问题等。

（4）分析调查、分析结果

①以一切调查结果为基础，分析这些资料所显示的意义。

②找出公司目前形象活动中的问题点，借以探求未来的正确方向。

（5）制作总概念报告书

①根据调查的综合整理结果，构筑CI概念的立案。

②对于企业思想、将来的企业形象和识别问题等，都经过充分检查并作出结论。

（6）总概念的发表

①向公司高级主管阶层（或董事会）说明总概念。

②审议总概念提案内容，决定实行方针和内容。

（7）企业理念体系的构筑

①根据总概念的实行方针和内容，检查表现新企业理念体系的问题。

②由高阶层主管决定公司新企业理念的表现内容，加以检查后并正式通过。

③完成CI计划，接收新管理系统的业务。

（8）企业标志系统的再构筑

①根据总概念和新企业理念而决定公司名称、公司的标志，以及有关标志和个别标志的问题。

②企业识别系统的再构筑作业完成后，争取公司内外的认同。

（9）变更公司名称、称呼

①决议变更公司名称后，先选出几种新名称，经过检查后再决定新公司名称，公司称呼的变更方式亦然。

②办理必要的法律手续。

（10）制作CI设计开发计划书

①根据总概念和变更公司名称的结论，整理出设计开发条件。

②如果须依赖外界设计时，应先制作“设计开发要领”或“设计开发指引书”。

（11）设计助理人员的挑选、订契约

①挑选负责CI设计开发的设计家或设计公司。

②必须按照“设计开发要领”的规定，和负责的设计家或机构订立契约。

（12）选定设计家

选定设计家后，应提示调查结果的开发条件及标准，并说明各种有关设计开发的问题。

（13）介绍设计基本形态

①设计家完成以基本要素为中心的设计基本形态后，必须呈送给CI委员会和董事会。

②审议此设计案。

（14）设计测试　如有必要，可指定受测对象，进行新设计基本形态的反应测验、视认性测验。

（15）法律上检定

①检定商标、标志等这类设计案。

②办理商标登录等必要的法律措施。

（16）决定设计基本形态及精致化

①从几件基本形态设计案中，经由讨论而选定企业的设计基本形态。

②由几位设计家对选定的设计案，进行造形精致化作业。

（17）制定企业标语

①制定企业标语，做为基本设计要素的一部分，也可采取在公司内部公开征求标语的措施。

②企业标语决定后，应列入设计系统中。

（18）基本设计要素、系统的提案

①以设计基本形态为中心来开发基本设计要素，说明设计系统的提案。

②以基本设计要素的组合为中心，经由讲座而决定设计上的规则。

（19）基本设计手册

①编辑基本设计手册。

②印制基本设计手册。

③制作完成复制用的清样。

（20）对外发表计划

①计划设计开发后的对外发表。

②做好方针、时机、方法、费用等问题的发表计划。

（21）公司内部的讯息传递计划

①策定有效的诉求方式，将CI的成果有效地传递给全体员工。

②讯息传递的方针、时机、方法、顺序、资料、费用等，都要有周详的计划。

（22）应用的适用计划

①如何使开发的新设计在具体项目里展开适用，这一点必须详细计划。

②适用计划的方针、时机、方法、费用等，应安排妥当。

③整理新设计对各项目的应用条件。

（23）应用设计开发

①使基本设计具体地适用于应用项目。

②检验试作的具体项目。

（24）应用设计手册

①编辑应用设计手册。

②印制应用设计手册。

（25）新设计的适用展开按照新设计的新项目，配合应用计划而进行实际制作。

（26）企划制作公司内部用的用具

①制作公司内部讯息传递用的用具。

②制作公司内部讯息传递用的概念手册。

（27）对内发表对内发表CI成果，实行员工教育。

（28）对外发表

①对外发表CI成果，以及企业思想和企业标志的变化等。

②发行报导CI消息的刊物。

③利用广告媒体来公开发表活动。

④通知各交易对象。

（29）CI相关计划的推行　对于CI的相关计划，必须考虑其实际应用问题以及在公司内有效的推行方法。

（30）CI管理系统的实行

①确实施行CI设计的管理维持作业系统。

②决定CI相关计划的结束和继续管理的问题，建立新企业情报的开发管理系统。

四、CI的测定方法

1．测定形象因素与测定调查对象

（1）测定形象因素　诚如上述所说的调查目的，必须调查“认知”、“基本形象”、“辅助形象”、“形象形成的情报传递管道”、“对形成形象的识别要素的评价”，况且，辅助形象的因素存在又不少。因为有必要把这一切在定量程度的有限时间和费用范围之内正确调查出来，所以，必须先构筑一些有效的假说，再根据这类假说来进行调查；尤其被公认为有效的辅助形象，更需要某程度的预先构想来设定。此一步骤在达成有效调查中是不可缺少的行动。因此，需要预备性的测验，才能提出公认为有效的形象因素。

① 原形象（认知）喜爱，有好感，明朗。

② 基本形象有信赖感，信赖，有安心感，很可靠。最一流企业，大企业，规模大，公司的地位已确立。有成长性，有将来性，是成长的产业。很想买这家公司的股票，很想投资此公司。

③ 共通辅助形象，业绩内容佳，收益性佳，赚钱。坚实，不容怀疑，很安定，很确实。合乎时代潮流。社会性的贡献度高，对社会做了很有用的工作。经营者很有魅力，经营者优秀，经营者是有名人物。商品优秀，有自创的商品，商品信赖度高，质量好，有独特性。有尖端技术，技术水准高，有良好的开发技术，具有特长的技术。有独特的技术，开发得很好，领先时代，新颖。有国际性，活跃于国际间，很具国际性格。对人和蔼可亲，亲切。活泼，积极，很有朝气，很有进步性，很热心。很有绅士风格，很有良心，很周到，遵守约束，很稳固。能力高，处理能力好，有好人才。很有知性，现代性，近代性，都市性，领导时代尖端。很好看，很有流行性，气氛好，现代感强，新鲜感强。很精彩，很有趣味性，很有魅力，很有个性。

④ 形象形成的情报传递管道　广告宣传得巧妙，很擅长情报活动，合乎时代潮流，很会塑造形象。进行文化活动，文化气氛很好，有文化的包容感。公司风气好，很重视他人，有直肠感，令人感到自由的气氛。很活泼，具速度感。优秀人才多，对员工教育很周到，能力好学生辅助形象想去就职。工作好像很有趣，令人喜爱的工作领域，可以发挥自己的能力。有工作价值，对社会和人类有益，工作上有浪漫感。感觉够资格，企业在社会上的评价已经确立。安定，没有危险，不会倒闭。薪水条件很好，工作轻松，休假多。有资本，有好的前辈。共同的负面形象，业务内容不了解，不了解到底在从事什么。令人难以亲近，一付严肃的形象。古板，不上时代，死气沉沉，保守性，停滞性，退步性，后退性。公司令人感到不成熟，产业、业态都让人感到不成熟，缺乏进步感，缺乏完美感，水准低。一切很松弛，没有规矩，拖拖拉拉，反应迟钝，做事马虎，不具调和感，不诚实。没有特色，平凡，水准低，只会模仿他人。

⑤ 对形成形象的识别要素的评价

A. 公司名称的形象。喜爱的，喜欢的。容易阅读，容易发音，听起来的感觉很好。容易了解，容易知道含意，属性容易分别。新鲜形象感，独特感，明确的个性，气氛好。新奇感。很有印象，很有个性。令人联想到其他的企业种类。

B. 公司名称标准字的形象。喜爱的，喜欢的。容易阅读，容易看清楚，识别性高。有新鲜形象，气氛好，现代性。合乎业种形象，充分表现出公司的特色和个性。很有印象，很有个性，引人注目。

C. 形象的种类。喜爱的，喜欢的，气氛好，近代性，很感性。印象强，容易引人注目，不易被遗忘。容易了解其含意及目的，公司的主张感觉很明快。

（2）测定调查对象　调查对象是以企业的“关系者的定义”为基础而确定，通常分为外部环境和内部环境来考虑。并非所有的关系者都成为调查对象，受何类关系者所认定的形象以及主受何类关系者所肯定的情报，才是最重要的问题，都是要年看体制归纳的结果而决定。以下是一般企业中，形象调查时的一般对象范例。形象因素调查对象。

① 外部环境　a. 一般消费者，个人、学生/地区居民，成人，学生，特定部门等。b. 使用者个人，将来很可能在成为使用者（个人）。c. 将来可能成为交易对象的法人 / 法人领导人，高级主管，特定单位，一般企业人士。d. 客户中的法人，交易对象 / 法人领导人，高级主管，采购，资材负责人，一般员工。e. 流通关系者群。f. 其他关系者，交易对象 / 股东，金融机构，批发商，合作对象，海外法人。g. 竞争对手的企业。

② 内部环境　a. 公司员工。b. 董监事、干部。c. 与公司员工可以相提并论的内部环境团体。d. 公司员工的家族。e. 公司员工、董监事、主管的关系机构

第一节 视觉识别系统设计

视觉识别系统即VI（Visual Identity），是企业形象识别系统即CI（Corporate Identity）的重要组成部分，是在理念识别系统（MI-Mind Identity）的指导下、行为识别系统（BI-Behavior Identify）影响下进行的针对企业视觉形象的系统设计。

视觉识别系统设计分为两大部分：基础识别系统和应用识别系统设计。

基础识别系统是对基本核心视觉元素标志、标准字体、标准色、辅助图形、吉祥物进行设计，并制订各要素在应用中的规范化标准，在应用项目中需严格依此标准执行。

应用识别系统是对企业对外进行有关视觉形象输出的项目进行规范化设计，具体设计项目根据企业的实际需求展开，因此，不同的企业应用识别系统的设计项目会不尽相同。通常应用识别系统的项目会包含以下几大类，如办公应用系统、标志符号指示系统、销售店面标识系统、企业广告宣传规范、公共关系赠品设计、员工服装服饰规范、企业车体外观设计、展览指示系统等。

第二节　视觉识别基本部分的系统设计

一、标志设计

1. 标志定义

通“标识（zhì）”，是表明特征的记号。它以单纯、显著、易识别的物象、图形或文字符号为直观语言，除表示什么、代替什么之外，还具有表达意义、情感和指令行动等作用。

2. 标志分类

（1）城市标志　是一个城市的代表符号。城市标志应准确表现这个城市的特点和风格，力求简洁大气。

如图3-1，山东旅游形象标识，结合了传统元素与现代设计的新动向，通过文字符号图形化设计融汇古今元素，突出“山东 Shandong”与“山东人”最核心的形象表达：“好客 Friendly”；同时，绚丽的英文符号色彩组合与汉字字体“山东”以及一枚清晰的“好客”朱文印章，共同组成了这个文化气息浓厚、充满愉悦感的现代标志。

图3-1　好客山东标志

“好客山东 Friendly Shandong”，是对山东旅游最生动、最直接的信息传递。“有朋自远方来，不亦乐乎？”（出自《论语·学而篇第一》），两千多年传承下来的齐鲁待客之道，从未改变。中英文的组合设计方式也是国际化趋势的要求所在。

而“文化圣地，度假天堂”这一具象描述，则是对山东以文化体验与休闲度假为特色的旅游形象的重要“提示”。

山东旅游形象标识，将中外古今的语言、文字、设计元素融合到一起，以丰富的色彩变化，对应山东深厚的历史文化底蕴和独特的休闲度假魅力，丰富、动感、亲切，构成强烈的视觉冲击。以五岳之首、大海之滨、孔孟之乡、礼仪之邦的整体形象，结合“山东、山东人”的“好客之道”，以“诚实、尚义、豪放”的鲜明个性，传递特色化、国际化的现代形象与文化意识。一个饱含“山东人”热情的充满感召力的新形象，构成强烈的视觉记忆。这一形象标识通过多角度、多层面的立体化推广和应用，可以形成丰富的信息传递，增强山东旅游形象的社会认知度，也将呼唤起更多更强烈的对山东和中国文化的向往、求知与探索欲望。

如图3-2，新标志以汉字“杭”的篆书进行演变，体现了中国传统文化底蕴；将无可替代的城市名称与无可替代的视觉形式合而为一，并赋予其直接的语义呈示性。标志中“杭”字巧妙地将航船、江南建筑、西湖园林、拱桥等诸多要素融入其中，构图精致，和谐相融，而开放的结构又显示出大气舒展的气度，是“精致和谐，大气开放”城市人文精神的完美的视觉表达。

标志整体似航船，“杭”字古意通“航”，反映了杭州得名取自“禹航”的历史典故，体现了杭州作为历史文化名城的底蕴；又象征着今天的杭州正扬帆起航，展现出积极进取、意气风发的精神风貌。标志运用江南建筑中具有标志性的翘屋角与圆拱门作为表现形式，体现了中国传统文化和江南地域特征，也体现了杭州作为著名风景

图3-2 杭州城市标志

旅游城市的特点。

下方带有笔触的笔意，微妙地传达了城市、航船、建筑、园林、拱桥与水的亲近感，凸现了杭州独有的“五水共导”的城市特征。

（2）企业标志　是企业视觉形象的核心，应准确表达企业的内涵。

图3-3　中国联通标志

如图3-3，中国联通的图标是由一种回环贯通的中国古代吉祥图形“盘长”纹样演变而来。迂回往复的线条象征着现代通信网络，寓意着信息社会中联通公司的通信事业井然有序而又迅达畅通，同时也象征着联通公司的事业无以穷尽，日久天长。

中国红：国旗色，代表热情、奔放、有活力，是中国情结最具代表性的颜色。象征快乐与好运的红色增加了企业形象的亲和力并给人强烈的视觉冲击感，与活力、创新、时尚的企业定位相吻合。

水墨黑：最具包容与凝聚力的颜色，是高贵与稳重的象征。红色和黑色搭配具有稳定、和谐与张力的视觉美感。

红色双“i”是点睛之笔，既像两个人在随时随地沟通，突出了“让一切自由连通”的品牌精神，又在竖式组合中巧妙地构成了吉祥穗造型，强化了联通在客户心中吉祥、幸福的形象。

“i”发音同“爱”，延伸“心心相连，息息相通”的品牌理念；英文释义“我－i”、“信息－information”迎合“以客户为中心”的营销模式以及“向客户提供一体化的通信与信息服务”的品牌营销总体思路。

（3）商品标志（简称商标）　商品是指在市场上流通的产品，商标是商品的形象代表符号，可以是表达一定含义的图形或文字，具有唯一性。

商标作为消费者选购商品时的识别符号，对商品销售具有非常大的意义。在商标的右上角会发现有两种符号，一种是®，另一种是TM，这两种符号表达什么样的含义呢？

TM（trademark）：表示的是该商标已经向国家商标局提出申请，并且国家商标局也已经下发了《受理通知书》，进入异议期，这样就可以防止其他人提出重复申请，也表示现有商标持有人有优先使用权。

®（register）：称为注册商标，表示该商标已经向国家商标局提出申请，并通过异议期，并已经商标局审查通过，批准注册的商标。

注册商标受到《商标法》的保护，其它产品将不允许使用与此商标相同或近似的文字或图形，使受保护商品的商标成为独一无二的商品识别符号，从而对商品的市场销售行为起到保护的作用。注册商标由注册商标所有人所独占，受法律保护，任何企业或个人未经注册商标所有权人许可或授权，均不可自行使用，否则将承担侵权责任（如图3-4、图3-5）。

图3-4　宝洁公司OLAY商品带®的标志

图3-5　“舒肤佳”标志带TM的商品

（4）活动标志　是大型活动使用的标志，如运动会、大型会议、庆典活动等，活动标志的特点是具有时效性，通常在活动进行的时间段内应用（如图3-6）。

APEC 2009 Singapore

图3-6　APEC（亚太经合组织）会议标志

（5）公共标志　是公共场所使用的标志。如交通标志、公共场所标志、运动标志等。公共标志需准确表达某一行为的特点，并能取得大众的共识（如图3-7）。

图3-7　卫生间、停车场等公共标志

3. 标志设计方法

（1）设计步骤

第一步：收集企业相关信息，提取设计核心概念

从企业名称中获得设计核心概念：企业名称中通常包含着企业名和所属行业，如“中国银行”，从这个名称我们可以得到两个概念，即企业名叫“中国”，所属行业是金融业的银行。

第二步：寻找表达核心概念的图形元素，绘制草图

在“中国银行”这个设计案例中，核心概念是“中国”、“银行”，那么就要考虑“中国”这个概念用什么图形表现呢？如中国传统的图形，象龙、凤等很多很多，也可以用汉字表现；“银行”用什么图形表现呢？最容易想到的就是“钱”这个形象，那么中国历史上的钱有好多种，如金元宝、银锭、齐国的刀币、明清的圆形方孔钱、现在使用的硬币和纸币等等很多种。

第三步：图形元素的细化表现

细化过程如图3-8所示。

（2）标志的表现方法

① 图形简洁化处理。

A. 正负形：正形是图形本身，负形是图形以外的空白部分，巧妙地将形的细节进行处理，就可以使负形也是有具体内容的形状，表达一定

图3-8　国外一家水暖安装公司标志设计

的含义。

图3-9中首先给人看到的是画面中白色的杯子。然而，若将视线集中在黑色的负形上，又会浮现出两个人的脸形，设计师利用图地互换的原理，使图形的设计更加丰富完美。

图3-9　鲁宾之杯

B. 整体形和局部形

如图3-10，会徽的整体是一枚中国传统的印章图案，内部的白色部分是北京的“京”字和“舞蹈人物”结合的图形。

图3-10　奥运会会徽

C. 相似形：中国银行的方孔和“中”字形近似，用一个形表现两个形（如图3-11）。

图3-11　中国银行标志

香港设计师靳埭强的“中国银行”标志，采用了中国古钱与“中”字为基本形，古钱图形是圆与形的框线设计，中间方孔，上下加垂直线，成为“中”字形状，寓意天方地圆，经济为本，给人的感觉是简洁、稳重、易识别，寓意深刻，颇具中国风格。

② 色彩的简洁化处理。标志是所有视觉输出项目的核心和主导，标志用色的多少决定了后期应用中印刷制作成本的投入，颜色数量多、表现效果有渐变等复杂表现，会增加企业的制作成本，如为追求表现一定要进行效果处理，那么在VI基础识别设计部分要再提供简单颜色方案，以方便后期制作。

4. 标志的种类

（1）字型类

A. 全称：如图3-12，斯宾塞体草书“Coca-Cola”字样，给人以连贯、流线和飘逸之感。

图3-12　可口可乐标志

B. 首字或关键字：如图3-13，标志来源于东莞城市标志“纽带”，东莞农村商业银行作为东莞本地的优质金融机构，是东莞城市形象的最佳代表，其核心价值观也与东莞城市精神“海纳百川，厚德务实”一脉相承。

图3-13　东莞农村商业银行标志（东道设计）

如图3-14，标志用了中文繁体的“书”字来进行变形设计。首先看上去像一册册摞起来的书；再者，抽取数字图书馆建筑外形特征，标明建筑设计分馆的所在。这两点构成了图书馆的特点，即建筑设计图书馆。标志的网络连接形式与“书”字的下半部分形成的字母“e”，体现了其数字图书馆的本质属性。

图3-14　国家数字图书馆建筑设计分馆形象标识（东道设计）

C. 首字和品牌名称组合：如图3-15。

图3-15　北大纵横（正邦设计）

（2）图形类

A. 具象形：如图3-16，壳牌石油的logo设计运用的是谐音和比喻（隐喻）。因为公司英文名称Shell有一个义项是“蚌壳”，画上一幅“贝壳图”，就成了天衣无缝的一枚 logo。图案上的红色代表能源所造成的热烈氛围，而黄色底子则象征能源所带来的普照光明。设计者更把贝壳的扇形画成太阳光线的四处辐射、喷薄而出的景象，平添了Shell能源产品无远勿届、穿透万物的意象。

图3-16　壳牌石油标志

B. 抽象形：如图3-17，是4个连环圆圈，它是其前身——汽车联合公司于1932年成立时使用的统一车标。4个圆环表示当初是由霍赫. 奥迪. DKW和旺德诺4家公司合并而成的。半径相等的四个紧扣圆环，象征公司成员平等、互利、协作的亲密关系和奋发向上的敬业精神。

图3-17　奥迪轿车标志

（3）综合类　文字和图形相结合（如图3-18）。

图3-18　MMNM FU rniture标志设计

二、标准字体

1. 标准字体的定义

是指某一企业专用的规范字体，是VI基本要素中地位仅次于标志设计的设计项目，它与其他要素组合运用，直接传达企业信息。

2. 标准字体的特点

（1）造型独特　企业VI系统的根本特征是要具有识别性，而作为VI系统的重要元素之一标准字体也要具有识别性。要更易于被识别，除了在文字本身的内容上要与众不同之外，在视觉表现形式上就要具有更多特色。

文字独特的造型是在视觉识别上常用的非常有效的手段。目前，各大字体开发公司开发的字体有很多种，但都属于常规字体，字库的字体因为可以被广泛地应用而降低了它的独特性，作为企业或产品品牌的标准字体，就必须经过再设计，成为独一无二的企业专用的字体。

（2）准确体现企业或品牌自身的特点　VI中的标准字体是为企业或品牌量身订做的，因此必须与企业或品牌的行业属性、经营内容和经营理念相符合。

3. 标准字体表现的种类

在高速发展的经济社会里，企业的经营范围将不断扩大，很多国内企业走出国门，生意做到国外去，因此，企业或品牌的字体设计通常是由中文和英文两套系统构成的，这样一方面可以满足企业国际化的需要，另一方面，也为企业的长远发展奠定良好的基础，还可以增强企业国际化的感觉，提升企业的品质感。

（1）中文标准字

A. 书法字体：中文属于方块字，字形方方正正，严谨但缺少变化。中国具有悠久的历史，文字的发展历史源远流长，甲骨文、篆书、隶书、楷书、行书代表了中国书法字体不同的发展阶段，也代表了不同的风格，甲骨文是中国最古老的文字，与现代文字区别较大，辨识度较低，但笔划独具风格，有很深遂的文化感。

B. 美术字体：又称装饰字体，经过设计、加工、美化的字体，通过在黑体和宋体的基础上进行变化设计而成的。美术字体是目前在平面设计上应用最广泛的字体，它变化多样，风格可以千变万化，不拘一格，既可大方稳重，也可活泼可爱、纤细优美，为设计师提供了巨大的创作空间。

（2）英文标准字　英文是拼音文字，所有的单词都是由26个拉丁字母组成的，现在也把它们称做英文字母。这26个英文字母的笔划有曲有直，富于变化，在设计时抓住这一特点进行设计，将会事半功倍。

英文标准字体是企业VI系统中的以企业或品牌的英文名称为设计元素的英文系统字体，与中文标准字体共同组成完整的字体系统，英文标准字体要与中文标准字体在设计风格上保持一致。

4. 标准字体的设计步骤

（1）分析企业或产品内涵　在开始整个VI设计任务之前，要对企业或产品的情况进行充分细致的了解，并对其进行分析和总结，并确立整个VI的设计定位，这个定位要贯穿到整个VI的所有设计中，同样，也要在标准字体设计上遵循这个定位。

（2）确定视觉风格和表现元素　不同的字体设计会有不同的风格，或庄重、或典雅、或活泼、或精致，因此确定一种与企业的行业特色、经营内容、企业理念想符合的设计风格是至关重要的。

（3）确定色彩

（4）进行具体的设计表现

（5）标准制图

5. 标准字体的设计方法

（1）字体的外形设计　字体的外形是指字体的外轮廓形状，字体上下左右最外部的点连接而成的形状，如“人”字是三角形，“田”是方形，“O”是圆形等。

（2）字体的结构设计

A. 重心调整：重心是字体重量的核心，重心位置准确，文字才能保持平稳。

重心的寻找：将文字上下左右最外部的点连接成矩形，矩形对角线的交点偏上一点，就是文字的重心。

形状空间调整：字体笔划形成的正空间和笔划之外的负空间，在字体设计中都是影响字体美感的重要因素。正负空间的合理分配，可以使文字看起来更舒服。

B. 笔划调整

笔划的连和断：把本来的一笔断成两笔以上，或将本来的两笔或多笔划连接成一笔（如图3-19）。

笔划简化和繁化：将笔划较多的字体的某些笔划合并，从而减少笔划的数量，使文字更简洁有力（如图3-20）；有时，为增加文字的华丽感，将笔划较少的文字的某些位置笔划增加，使文字更加饱满（如图3-21）。

图3-19　笔划的连和断

图3-20　笔划的简化处理

图3-21　增加文字的华丽感

6. 字体标准制图

企业简称标准字体（中、英文）如图3-22所示。

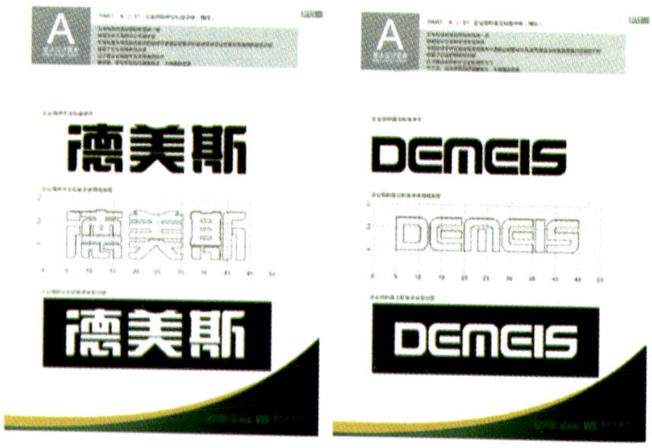

图3-22　企业简称标准字体

三、标准色

1. 定义

是企业将某一特定色或一组色彩系统运用在所有的视觉传达的实际媒体上，具有强烈的视觉效果，可作为经营策略的行销利器，从色彩的象征性上就能大致判断出企业的产品、服务性质等。

因为不同的色彩会带给人们不同的心理感觉，因此恰当的选择适合的色彩作为企业的标准色，是标准色设计应用的重点。

2. 了解色彩

色彩是设计中的重要表现元素，原因是不同的色彩或色彩组合会给人们以不同的感受，如大红色的热情、天蓝色的干净、中绿色的生命感、灰色调组合的高贵感。

（1）色彩表现的要素　色彩可分为无彩色（白、灰、黑）与有彩色（红、橙、黄、绿……等　）两大类别。色彩有三个基本的表现要素即色相、明度和纯度。

色相——色相，即各类色彩的相貌称谓，如大红、普蓝、柠檬黄等。色相是色彩的首要特征，是区别各种不同色彩的最准确的标准。事实上任何黑白灰以外的颜色都有色相的属性，而色相也就是由原色、间色和复色来构成的。

色相环是由原色、二次色和三次色组合而成的。色相环中的三原色是品红、黄、蓝，二次色是橙、紫、绿色，处在三原色之间，形成另一个等边三角形。红橙、黄橙、黄绿、蓝绿、蓝紫和红紫六色为三次色。三次色是由原色和二次色混合而成。在24色色相色环中彼此相隔十二个数位或者相距180度的两个色相，均是互补色关系。互补色结合的色组，是对比最强的色组，使人的视觉产生刺激性、不安定性（如图3-23）。

明度——明度指颜色的亮度，不同的颜色具有不同的明度，例如黄色就比蓝色的明度高，在一个画面中如何安排不同明度的色块也可以帮助表达画作的感情，如果天空比地面明度低，就会产生压抑的感觉。

任何色彩都存在明暗变化。其中黄色明度最高，紫色明度最低，绿、红、蓝、橙的明度相近，为中间明度。另外在同一色相的明度中还存在深浅的变化。如绿色中由浅到深有粉绿、淡绿、翠绿等明度变化。

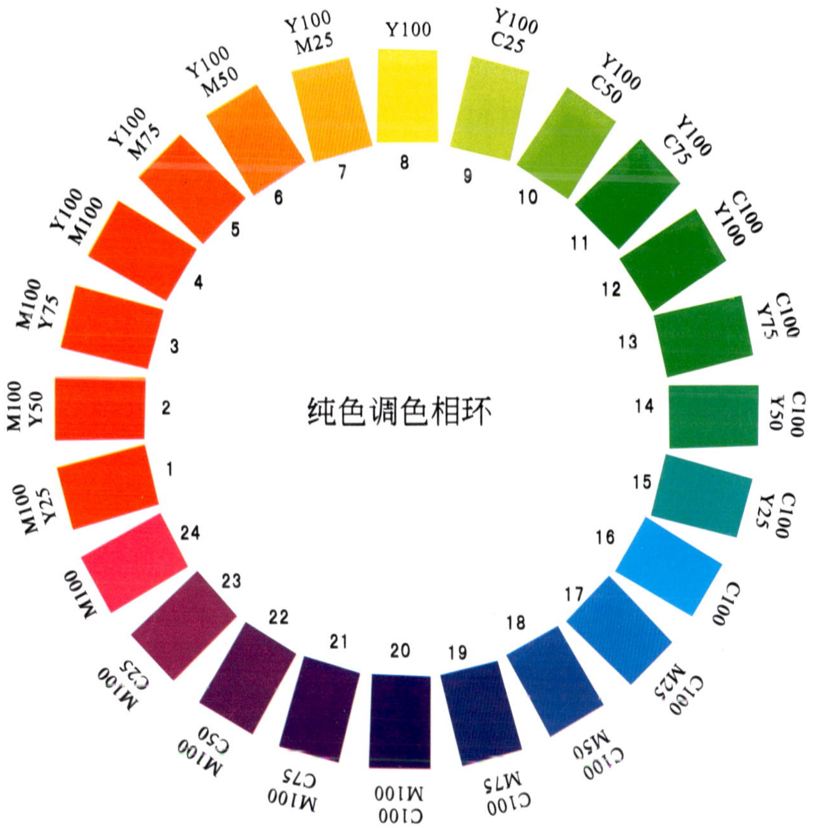

图3-23　24色相环

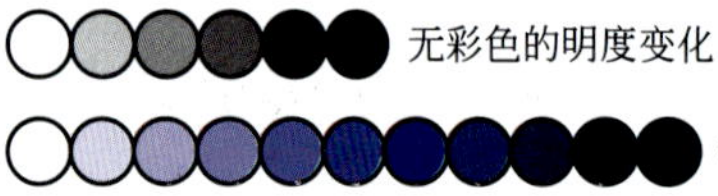

纯度——又称饱和度，颜色的三大属性之一。通俗意义上来讲，就是颜色的鲜艳程度。通常以某彩色的同色名纯色所占的比例，来分辨彩度的高低，纯色比例高为彩度高，纯色比例低为彩度低，在色彩鲜艳状况下，人们通常很容易感觉高彩度，但有时不易做出正确的判断，因为容易受到明度的影响，譬如大家最容易误会的是，黑白灰是属于无彩度的，他们只有明度。

在视觉识别系统设计中的标准色和辅助色使用的色彩和色彩搭配会使人们产生不同的印象，这种印象要与企业或产品要表达的感觉、经营内容、精神内涵等用语言总结出的设计定位相一致，如洗化用品企业的标准色应具有清洁的、干干净净的印象，高档女性化妆品的标准色应具有华丽的、贵重的印象，食品类的标准色应具有美味的印象等。

（2）配色的方法

① 色相的配色。两种以上色彩组合后，由于色相差别而形成的色彩对比效果称为色相对比。它是色彩对比的一个根本方面，其对比强弱程度取决于色相之间在色相环上的距离（角度），距离（角度）越小对比越弱，反之则对比越强。

A. 邻近色、类似色配色。

邻近色相对比：色相环上相邻的二至三色对比，色相距离大约30度左右，为弱对比类型，如红橙与橙与黄橙色对比等。效果感觉柔和、和谐、雅致、文静，但也感觉单调、模糊、乏味、无力，必须调节明度差来加强效果。

类似色相对比：色相对比距离约60度左右，为较弱对比类型，如红与黄橙色对比等。效果较丰富、活泼，但又不失统一、雅致、和谐的感觉。

邻近色和类似色配色时，可以以邻近色和类似色为主体色，加入占分量较少的对比色进行配色，可以表现出具有变化的感觉（如图3-24）。

B. 对比色和补色配色。

对比色相对比：色相对比距离约120度左右，为强对比类型，如黄绿与红紫色对比等。效果强烈、醒目、有力、活泼、丰富，但也不易统一而感杂乱、刺激、造成视觉疲劳。一般需要采用多种调和手段来改善对比效果。

补色对比：色相对比距离180度，为极端对比类型，如红与蓝绿、黄与蓝紫色对比等。效果强烈、眩目、响亮、极有力，但若处理不当，易产生幼稚 、原始、粗俗、不安定、不协调等不良感觉（如图3-25）。

② 色调配色。色调是指一幅作品色彩外观的基本倾向。在明度、纯度、色相这三个要素中，某种因素起主导作用，我们就称之为某种色调。由于色彩的色相不同而有冷色和暖色，以红色、橙色、黄色等暖色为主的色彩组合称为暖色调，象征着太阳、火焰。以绿色、蓝色、黑色等冷色为主的色彩组合称为冷色调，象征着森林、大海、蓝天。以灰色、紫色、白色为主的色彩组合称为中间色调；调子偏暗或偏亮，是从明度来说。灰调子是从纯度来说（如图3-26～图3-28）。

图3-24 自然的邻近色和类似色配色方案

图3-25 使用彩度高的补色关系色相配色，最大程度地表现出鲜明的感觉

图3-26　温和的：使用具有温暖感觉的鲜明色系进行配色，产生柔和、纯粹、温和的感觉

图3-27　木讷的：使用土色、树色、草色等自然色，体现出纯粹的感觉，在色调的变幻中体现自然的效果

图3-28　知性的：在知性的行为中体现冷静感，可以使用混浊的蓝色系和无彩色进行配色，体现出具有知性的效果

（3）色彩印象

酸味：采用柑橘类的黄色、绿色为主色进行配色。使用明亮的纯色和白色，能表现出自然的爽快感觉。

甜味：采用红、红紫色系为主色进行配色，并对粉红色的浓淡进行变化，表现出自然、纯粹的食品本身的味道。

苦味：采用黄、黄绿色系深色调进行配色。

辣味：在黄色中加入红色，使人联想到辣椒、咖啡等的味道。

美味的：采用黄红色系进行配色。

3. 标准色设定的考虑因素

（1）有利于企业塑企业形象　设定期色彩必须吻合企业的经营理念、产品的特征，表现企业的安定性、信赖性、成长性，生产的技术性、环保性和商品的优秀性。

（2）明确告知生产与服务的特定内容　考虑民族性、商品性等固定的色彩印象，鲜明表达企业生产与服务的内容。

（3）强化企业的市场竞争战略　选定鲜明的与众不同的色彩，突破趋于同质化的走向，以扩大企业、品牌之间的差异性（如图3-29）。

（4）考虑成本和印刷技术　尽可能选择印

图3-29　华夏银行标准色“华夏红”及在标志上的应用

刷技术、分色制版合理的色彩，以便使标准色能够精确再现和管理，同时也要根据具体情况考虑成本因素，避免使用如金、银等昂贵的油墨或涂料。

4. 辅助色

为了区分企业集团公司中的子母公司、公司的不同部门、企业生产的产品等而设置的色彩系统，配合标准色应用（如图3-30）。

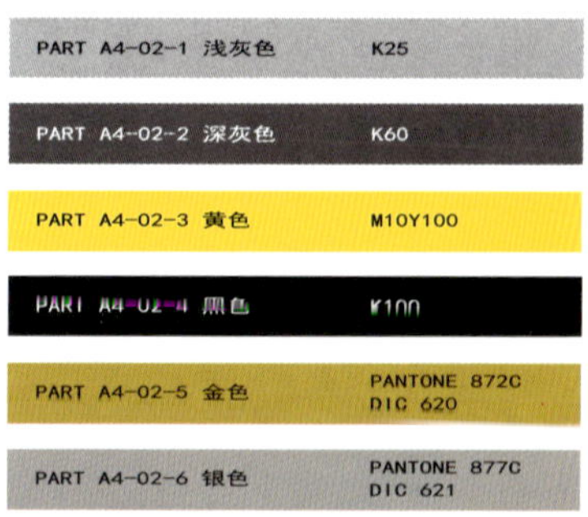

图3-30　华夏银行辅助色

5. 标准色和辅助色的设定方法

（1）CMYK　称作印刷色彩模式，是一种依靠反光的色彩模式，CMY是3种印刷油墨名称的首字母：青色Cyan、品红色Magenta、黄色Yellow。而K取的是black最后一个字母，之所以不取首字母，是为了避免与蓝色（Blue）混淆，数值是0～100。CMYK值是在VI中的印刷品制作中必须严格遵守的色彩数值（如图3-31）。

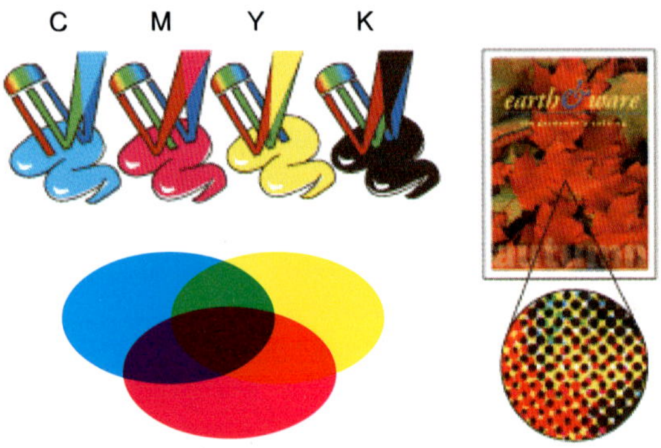

图3-31　CMYK色彩模型的示意图

（2）RGB　RGB光色混合色彩模式，通过对红（R）、绿（G）、蓝（B）三个颜色通道的变化以及它们相互之间的叠加来得到各式各样的颜色的，RGB即是代表红、绿、蓝三个通道的颜色，数值是0～255，在VI手册中设定RGB值，主要是制订网页、电视宣传、LED等光色混合媒体的用色标准（如图3-32）。

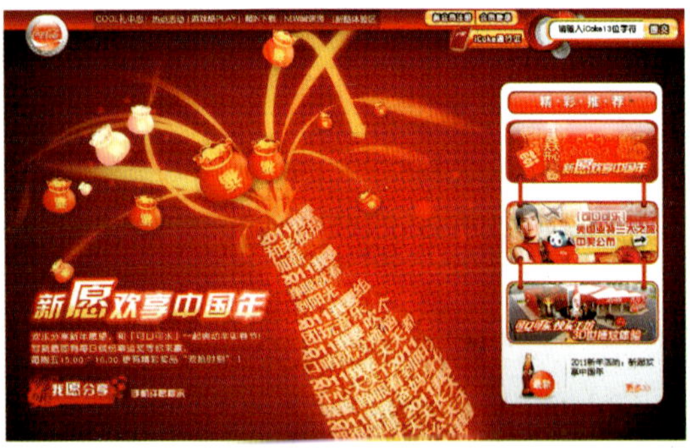

图3-32　可口可乐网站截图

（3）PANTON色　为国际通用的标准色卡。PANTONE色卡是享誉世界的色彩权威，涵盖印刷、纺织、塑胶、绘图、数码科技等领域的色彩沟通系统，已经成为当今交流色彩信息的国际统一标准语言。PANTON色以编号设定色彩。

PANTON色的设定方法：开启CorelDRAW软件，选择工具箱中的填充工具，选择均匀填充，打开均匀填充对话框，选择调色板按钮，即可打开PANTON色调色板（如图3-33），右下角的名称中显示的就是当前所选颜色的编号，按照这个编号，在PANTON色卡上可找到相应的色卡，作为印刷调色的依据（如图3-34）。

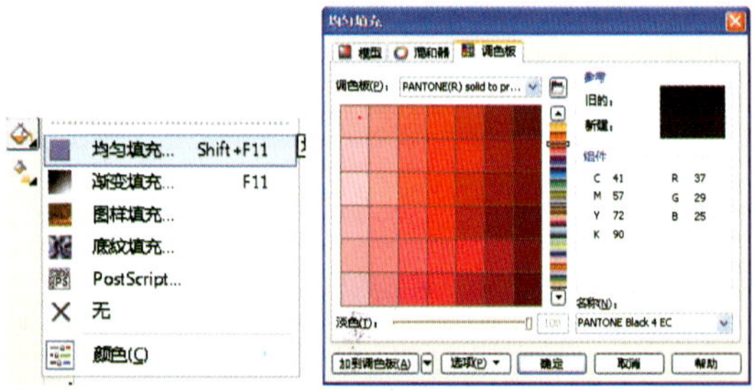

图3-33　CorelDRAW软件中PANTON色的调色方法

图3-34　PANTONE色卡

6. 应用规范和标准化制图

（1）企业标准色和辅助色（印刷色）

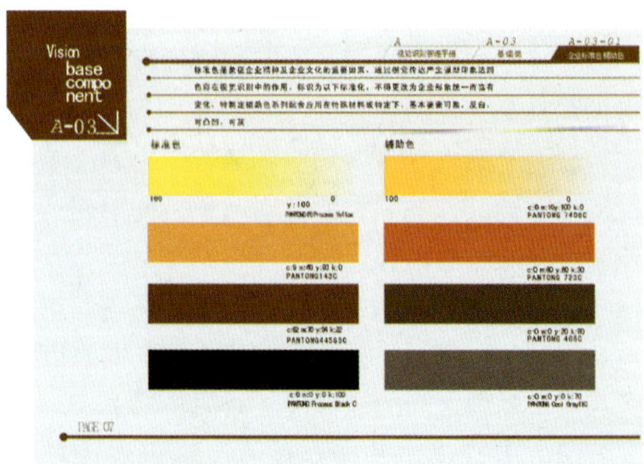

（2）标准色的明度应用

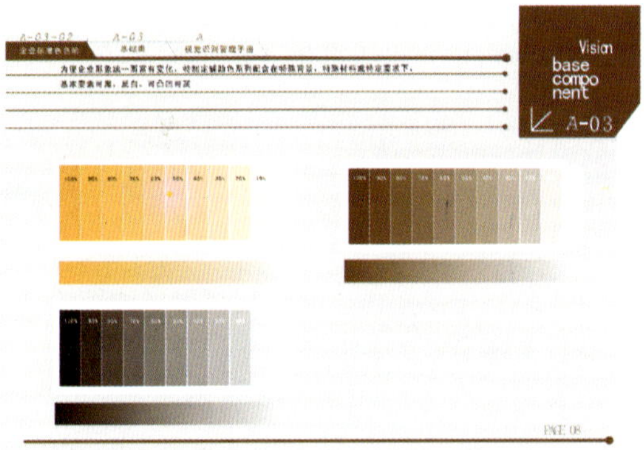

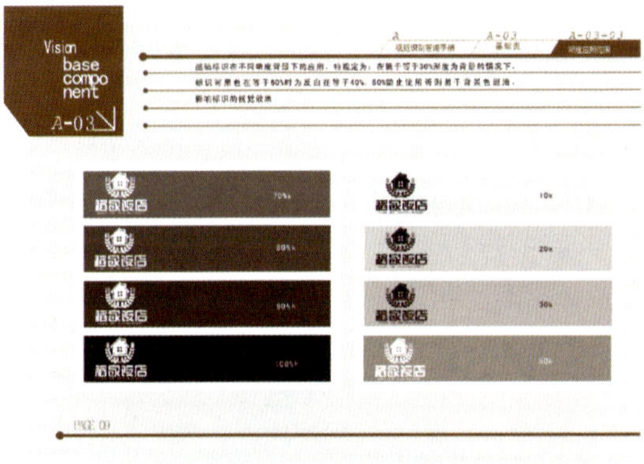

（3）背景色使用规定

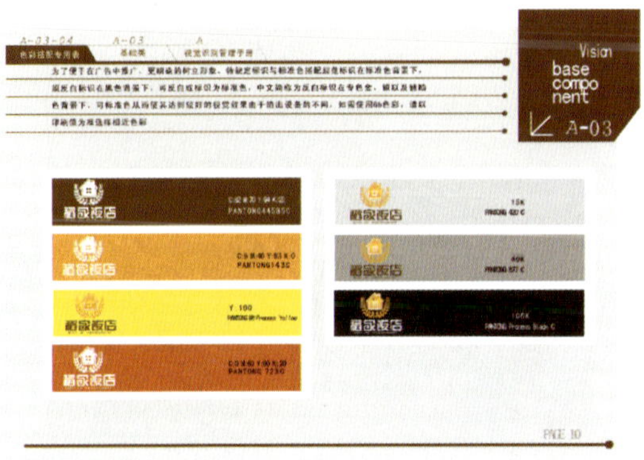

四、辅助图形设计

1. 辅助图形定义

又称象征图案、装饰图案，是为视觉识别系统中常被灵活运用，强化视觉形象，弥补单纯使用标志和标准字体会产生过于单调的问题，使视觉识别设计更加丰富、饱满和富于变化。

2. 设计方法

（1）从标志取材　是比较简便的设计方法，截取标志的局部作为辅助图形，辅助图形和标志在形上就产生了关联，在应用就会比较协调（如图3-35、图3-36）。

图3-35　嘉实多辅助图形取材于标志的局部

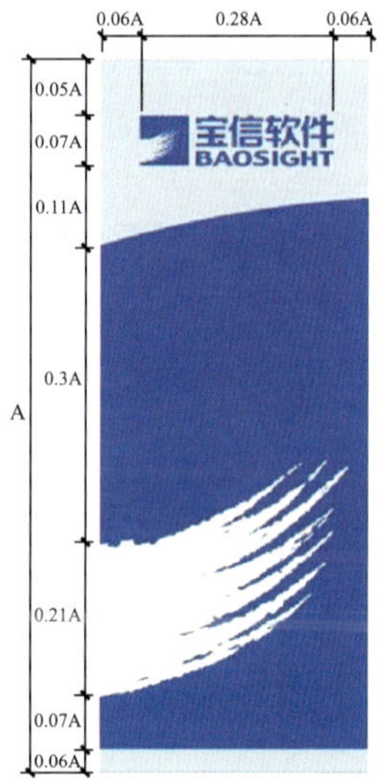

图3-36　上海宝信软件：辅助图形为标志中的图形

（2）采用标志形的近似形　如图3-37、图3-38所示。

图3-37　东南汽车的辅助图形取材于标志

图3-38　LG企业的辅助图形是采用与标志相近的曲线形

3. 辅助图形的种类

（1）几何形　如图3-39所示。

图3-39　bp石油几何形的辅助图形

（2）自然形　如图3-40所示。

图3-40　以植物为形象基础变化的辅助图形

五、吉祥物

1. 吉祥物定义

吉祥物一词，源于法国普罗旺斯语Mascotto，直到19世纪末才被正式以Mascotte的拼写收入法文词典，英文Mascot由此衍变而来，意能带来吉祥、好运的人、动物或东西。奥运会吉祥物始于冬季奥运会。而企业吉祥物是有很强的亲和力以及趣味性，是为了强调企业的性格。创造动物拟人化形象，借以活跃企业形象。以动感形态引起人们注意，为企业在消费者心中建立亲切感，拉近企业与消费者之间的距离，这就是企业吉祥物。

企业吉祥物可以选择、提炼适宜的人物、动物、植物或其他物体的个性特征，以夸张的手法创造出具象、特定的亲切形象，藉此强化并图解企业性格，诉求产品特质、丰富企业形象，增加亲和力和商业价值（玩偶、动漫可以作为商品销售，创造利润），广告宣传（充气），适合各种各类玩具、文具、服装、礼品、饰品等系列衍生产品的设计与开发。

2. 吉祥物的分类

（1）企业吉祥物　麦当劳叔叔（如图3-41）是麦当劳速食连锁店的招牌吉祥物和企业的形象代言人，官方设定本名叫作罗纳德·麦当劳（Ronald McDonald），是友谊、风趣、祥和的象征，他总是传统马戏小丑打扮，黄色连衫裤，红白条的衬衣和短袜，大红鞋，黄手套，一头红发。他在美国4～9岁儿童心中，是仅次于圣诞老人的第二个最熟悉的人物，他象征着麦当劳永远是大家的朋友。 此外，作为麦当劳公司用以吸引小朋友的主要虚拟角色，因此官方将麦当劳叔叔设定为“孩童最好的朋友”。

图3-41　麦当劳叔叔

（2）产品吉祥物　1894年，“万国博览会”门口摆放着一堆普通轮胎，重重叠叠的造型无意间触发了米其林兄弟的灵感——这不是一位轮胎人形象吗？而广告设计师奥加罗普最终将这个灵感付诸现实。一个多世纪以来，这位由26个白色轮胎组成的可爱轮胎人形象早已深入人心，并且成为全球知名度最高的品牌标识（如图3-42）。

（3）会议吉祥物　海宝（HaiBao）是中国2010年上海世博会吉祥物（如图3-43）。2007年12月18日晚上8点，万众瞩目的2010年上海世博会吉祥物“海宝”终于掀开了神秘面纱，蓝色“人”字的可爱造形让所有人耳目一新。海宝，以汉字“人”字为核心创意，配以代表生命和活力的海蓝色。他的欢笑，展示着中国积极乐观、健康向上的精神面貌；他挺胸抬头的动作和双手的配合，显示着包容和热情；他翘起的大拇指，是对来自世界各地的朋友发出的真诚邀请（设计者：巫永坚）。

（4）运动会吉祥物　如图3-44所示。

图3-42　轮胎汉

图3-43　上海世博会吉祥物海宝

图3-44　2008北京奥运会吉祥物福娃

福娃贝贝——中国年画-连年有余、中国传统鱼纹样、水浪纹样；

福娃晶晶——我国濒危珍稀动物：熊猫、宋代瓷器莲花造型；

福娃欢欢——中国传统火纹图案、敦煌壁画中的火焰纹样；

福娃迎迎——我国特有的珍稀动物：小藏羚羊；

福娃妮妮——北京的传统：燕子、沙燕风筝。

3. 设计思路

（1）源于企业名称　如图3-45所示。

图3-45　可口可乐公司酷儿Qoo果汁卡通形象

（2）源于产品　米其林轮胎“轮胎汉”

（3）源于地域　上海世博会吉祥物“海宝”

（4）历史文化　2008北京奥运会吉祥物

4. 设计步骤

（1）起名　吉祥物会做拟人化的设定，因此通常会有一个可爱的名字。吉祥物的名字要健康向上，易读易记，与企业或活动主题贴切。

海宝：中国2010年上海世博会吉祥物的名字叫“海宝（HAIBAO）”，意即“四海之宝”。“海宝”的名字朗朗上口，也和他身体的色彩呼应，符合中国民俗的吉祥称谓原则。“海宝”的名字与吉祥物的形象密不可分，寓意吉祥。

（2）身世习惯设定　有时，为了使吉祥物更具有情感特点，还会依据设计主题的特点和内涵为吉祥物设计身世背景，使其更加丰满立体，更加富有人情味。例如2005年日本爱知世博会的吉祥物（如图3-46）。

图3-46　2005年日本爱知世博会吉祥物：森林小子和森林爷爷

KICCORO（森林小子）：森林小子喜欢到处乱跑。他精力旺盛，总想观看这、尝试那。他特别希望在爱知世博会上结交许多新朋友。

性别：男孩和女孩，都不是，又都是。

年龄：刚出生。

种类：森林的精灵，有许多神奇的力量。

住址：爱知县濑户市的KAISO森林。

家庭成员：整个森林生物。

性格：什么都想看、什么都想试，充满好奇和活力，天真、明快、常常惊喜，喜欢森林爷爷，也很尊重爷爷。

习惯：喜欢捉迷藏、收集橡树果，和人类、动物和植物交朋友。

说话：爱说简短的词，单音节最好，边说边笑。

行动特点：动个不停，蹦蹦跳跳还旋转，说话是手脚帮助表达，会突然坐下来发现新东西，认真思考，要是感兴趣，就眼睛不眨地看，跳跃能力很强。

MORIZO（森林爷爷）：森林爷爷已在森林里住了很久，他和蔼可亲，又不失威严。他知识渊博，又仍充满好奇心。听说爱知世博会的消息，他也积极想为爱知世博会助一臂之力。

性别：看上去像老爷爷，大家也就这么叫，到底是什么样，谁也不知道。

年龄：反正很久，自己也忘了。

性格：善良、温和，有时也说不清楚，要是生气了，就很可怕，智慧而保持好奇，有时太娇宠森林里的小朋友。

习惯：在森林里到处散步，不时地打个盹，地球的各处森林和岛屿中到处旅游，拜访老朋友。

说话特点：话不多，像老爷爷一样说得慢，但一开头，就停不下来。

行动特点：脚步慢慢的，又沉重，头发在风中飘呀飘。

（3）确定理念　分析项目的内涵、主题等相关信息来确定理念。

（4）选择形象　如米其林轮胎吉祥物选择其产品形象轮胎为基础形，进行抽象化和拟人化的表现，使形象与企业和产品有密切的联系（如图3-47）。上海世博会海宝形象选择以汉字“人”

为基础表现元素，做拟人化表现，传达了会议的主题。

（5）形象表现

图3-47　快速奔跑至服务地点

表情：喜怒哀乐、顽皮淘气或是憨厚质朴。

色彩：应与标志的色彩一致或相近，同时应用时要协调统一。

动作：与吉祥物表现的主题项目有关，如运动会吉祥物的动作是各种运动项目，企业吉祥物可以有亲切的售后服务人员在服务、产品推介人在推荐或介绍产品、产品生产研发人在生产研发产品等。

（6）衍生产品表现　如制作成布、绒毛玩具，塑料玩偶，卡纸拼图、充气、热气球、雕塑、工艺品等。

（7）制图与应用规范

彩稿、黑白稿、平面化表现、立体化表现、动作表现、衍生品表现。

第三节　视觉识别应用部分的系统设计

VI应用系统设计是对标志、标准字体、标准色、辅助图形或吉祥物这些基础视觉元素在不同媒介上的应用方式进行设计，根据媒介的不同采用不同的版式，选择单色、双色或多色等不同的色彩表现，以及采用不同的材料等，涉及的设计内容较复杂，是VI设计展现在受众面前的最终效果，因此，应用系统的设计是对基础系统的升华，在VI设计中占有重要的地位。

应用识别系统包括的设计项目通常会根据企业的具体需要而设定，因此会因实际情况而变化部分内容。

下面是一般性企业应用识别系统包含的内容，在实际承接VI设计项目时可根据企业的实际情况进行增减：办公事物用品类、标志符号指示系统、销售店面标识系统、企业广告宣传规范、公共关系赠品设计、员工服装服饰规范、企业车体外观设计、展览指示系统、再生系统。

一、办公事物用品设计

办公事物用品以纸张印刷为主要表现方式，纸张选择和印刷工艺的应用是重要的设计内容。

1. 名片

名片是在人与人交往中互相交换的印有名字及其他相关信息的卡片，目的是让对方了解自己相关信息，也为日后交往留下联系方式。名片的规格为90mm×55mm，由于印刷纸张和存放要求，不能随意改变；如果因设计需要必须改变规格，也只能缩小而不能放大。

（1）名片的分类

① 以版式不同，可分为

A. 横式名片：以宽边为底，窄边为高的名片版面设计。

B. 竖式名片：以窄边为低，宽边为高的名片版面设计。竖式名片因其排版复杂，可参考的设计资料不多，适于个性化的名片设计。

C. 折卡名片：可折叠的名片，折叠后规格也必须是90mm×55mm。由于展示面增加了，因此传达的信息量会增加，但同时印刷成本也会随之提高。

② 以印刷方式不同，可分为

A. 数码名片：以激光打印机或彩色喷墨打

印机印制的名片。其特点为：对名片上使用的色彩数量和图形、图像没有特殊限制，任何图形、图像、文字都可以打印，印刷时间短，立等可取。但价格比胶印名片要高（如图3-48）。

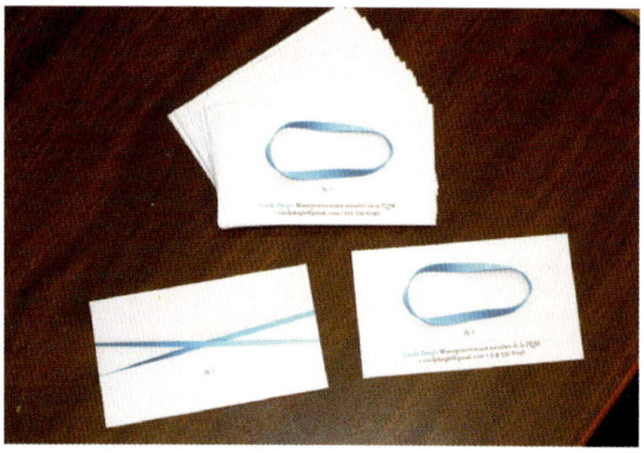

图3-48 数码名片

B. 胶印名片：是用名片胶印机印刷的名片。胶印机名片印刷采用手工套版，每一种颜色需印刷一次，人工调色，因此在复杂颜色或图像的印刷表现不理想，不同批次的印刷品颜色也会有些差别，但优点是颜色厚重、饱和，对平涂的颜色表现效果最佳。另外，胶印名片还可以结合特种油墨实现一些特殊的效果。胶印名片的印刷价格低廉，因此目前还是主流的名片印刷方式（如图3-49）。

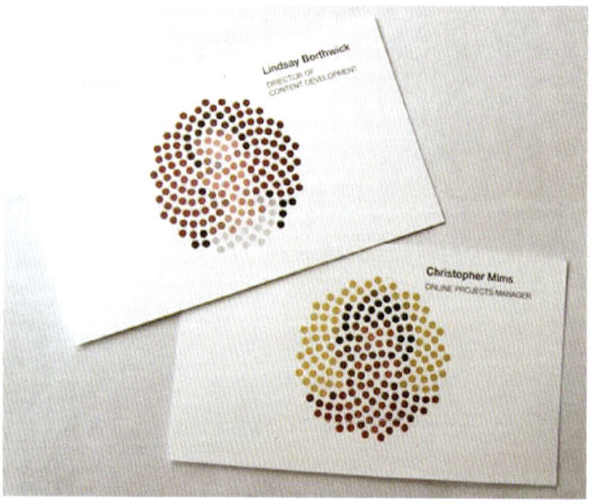

图3-49 胶印名片

胶印名片在设计中要注意色数不易过多，因为印刷价格以用色的数量计算，色数少会降低成本，反之会增加成本。

C. 特种名片：除纸张外的其他载体通过丝网印机印刷的名片。可使用金属、塑胶等载体，采用丝网印刷，名片档次高，印制成本也高，印刷周期长，价格高于纸质名片，多为个人名片采用，使用不普遍。名片色彩鲜艳，但分辨率却不如纸质名片（如图3-50）。

图3-50 特种名片

（2）名片上的元素

① 文字元素：姓名、职务、手机、公司名称、公司地址、电话、传真、网址、电子邮箱，主要业务、广告口号等。

② 图形元素：标志、辅助图形。

（3）名片用纸 通常选择200g ～ 250g的特种纸，如布纹、木纹、云纹、水纹、星幻等（如图3-51）。

图3-51 水纹棉特种纸

（4）印刷工艺

① 胶版印刷。

② 数码印刷。

③ 特殊工艺

A. 击凸：如图3-52所示。

图3-52 击凸

B. 局部UV：如图3-53所示。

图3-53　局部UV

C. 烫金：如图3-54所示。

图3-54　烫金

D. 模切：如图3-55所示。

图3-55　模切

2. 信封

企业用信封通常会有两种情况，一种是企业内部使用的，一种是邮寄使用的，通过邮局邮寄的信封要符合国家标准信封的有关规定，如信封的规格是固定的，信封正面要有指定的元素和符合固定的版式要求，背面要有指定的印刷厂名称和印刷批准号，并由具有印刷信封资格的指定印刷厂印制。

（1）信封规格

① 国内标准信封规格

规格名称（俗称）成品尺寸（如图3-56）：

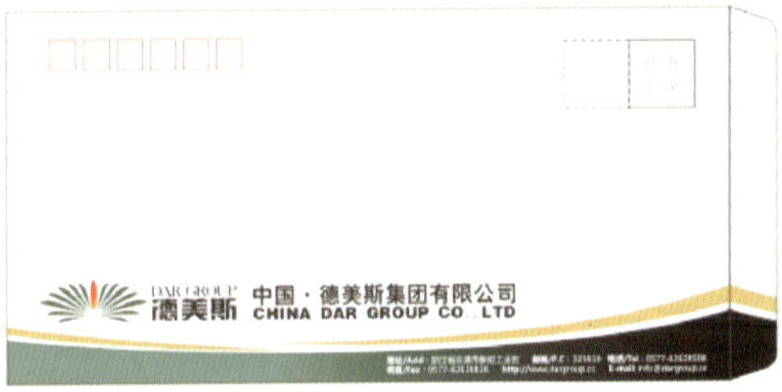

图3-56　国内标准5号封

B6（3号封）175mm * 125mm

DL（5号封）220mm * 110mm

ZL（6号封）230mm * 120mm

C5（7号封）229mm * 162mm

C4（9号封）324mm * 229mm

② 国际标准信封规格

规格名称成品尺寸（如图3-57）

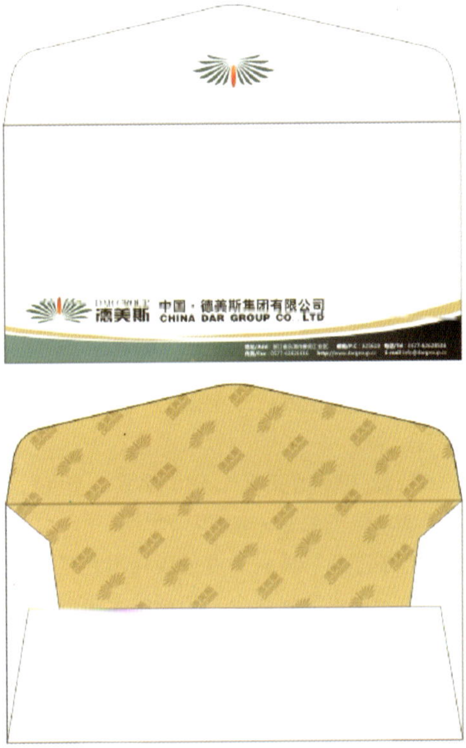

图3-57　国际标准信封

c6 162mm * 114mm　C4 324mm * 229mm

DL 110mm * 220mm C5 229mm * 162mm

（2）新信封国家标准具体内容

① 信封一律采用横式，信封的封舌应在信封正面的右边或上边，国际信封的封舌应在信封正面的上边。

② B6、DL、ZL号国内信封应选用每平方米不低于80克的B等信封用纸Ⅰ、Ⅱ型；C5、C4号国内信封应选用每平方米不低于100克的B等信封用纸Ⅰ、Ⅱ型；国际信封应选用每平方米不低于100克的A等信封用纸Ⅰ、Ⅱ型。信封用纸的技术要求应符合QB/T2234《信封用纸》的规定，纸张反射率不得低于38.0%。

③ 信封正面左上角的邮政编码框格颜色为金红色，色标为PAN TONE1795C。

④ 信封正面左上角距左边90mm、距上边26mm的范围为机器阅读扫描区，除红框外，不得印任何图案和文字。

⑤ 信封正面离右边55～160mm，离底边20mm以下的区域为条码打印区，应保持空白。

⑥ 信封的任何地方不得印广告。

⑦ 信封上可印美术图案，其位置在正面离上边26mm以下的左边区域，占用面积不得超过正面面积的18%。超出美术图案区的区域应保持信封用纸原色。

⑧ 信封背面的右下角应印有印制单位、数量、出厂日期、监制单位和监制证号等内容，也可印上印制单位的电话号码。

3. 信纸

（1）纸张要求　信纸要满足各种笔书写，一般为80g、100g、110g、120g的胶版纸。

（2）规格　210mm×285mm，大16开，210mm×297mm，A4。

（3）设计视觉元素　公司名称、地址、电话、网址、电子邮箱，辅助。

（4）图形色彩要求　要使用标准色或辅助色以及单色，色彩数量越少，印刷成本越低。

（5）设计方法　信纸主要的功能是书写，因此尽管可以在信纸上放置企业相关信息，但不能占据太大面积，也不能太过突出，以免影响书写的面积和书写内容的识别（如图3-58）。

图3-58　国内信纸

4. 传真纸

传真内容通过传真机发送给对方，为更好地表现企业形象，并方便联系，传真纸会设计统一的格式，传真机接收的文件是黑白的，因此传真纸设计成黑白的就可以了（如图3-59）。

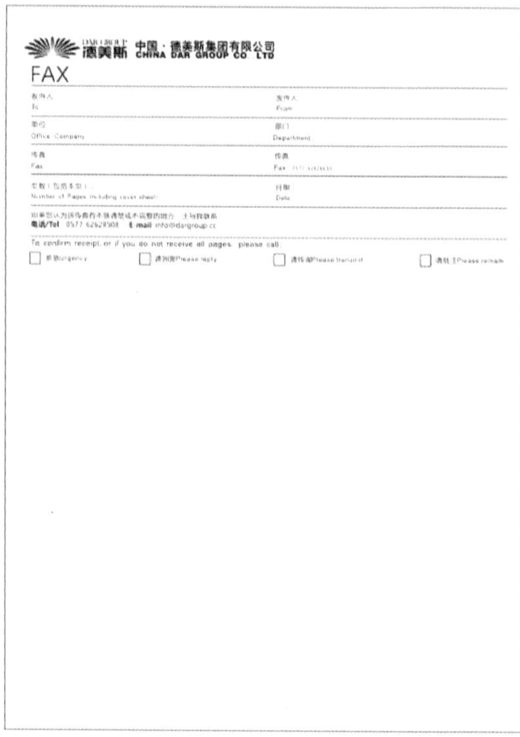

图3-59　传真纸

5. 证件类:工作证、胸卡、出入证

证件制作是采用市场上销售的硬胶或软胶卡套，再数码印刷或打印相应规格的纸张放入卡套中，纸张上放具体的员工信息，包括姓名、职务、部门、编号、免冠照片等内容，配以专门的挂绳，挂绳上可以丝网印刷公司的名称或标志等组成的二方连续纹样（如图3-60～图3-63）。

图3-60　硬胶卡套

图3-61　硬塑卡夹

图3-62　皮制卡套

图3-63　卡绳

规格：A1　99mm×68mm、A2　106mm×82mm、A3　155mm×92mm、B1　102mm×65mm、B2　126mm×79mm、B3　126mm×95mm、B4　155mm×106mm

6. 企业徽章

制做工艺：仿珐琅，烤漆，蚀版（咬板），滴胶（波丽），印刷（网印，柯式），合金填油等平面，立体均可生产。

常用材料：纯金、银、铜、铁、铝、不锈钢、马口铁、锌合金、铅锡合金等适合材料（如图3-64～图3-69）。

图3-64　压合金上色

材质：锌合金　工艺：锌合金冲压上色，表面滴胶。背后配件蝴蝶帽

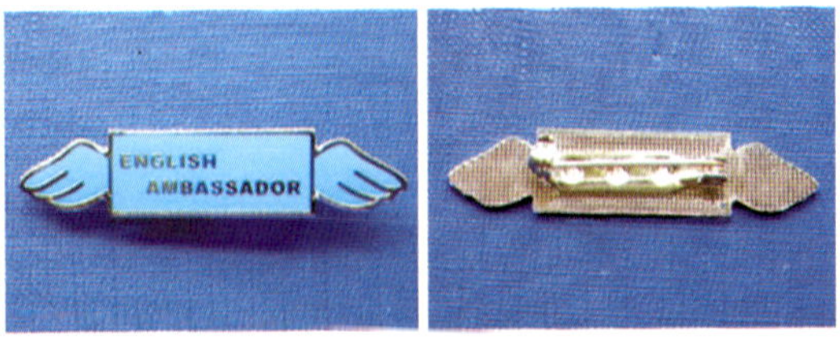

图3-65　铜质蚀刻

材质：铜　工艺：铜蚀刻上色，表面滴胶。背后配件安全别针

图3-66　铜质印刷

材质：铜　工艺：铜质印刷，表面滴胶。背后配件蝴蝶帽

图3-67　马口铁胸章

材质：马口铁　工艺：马口铁包纸印刷，背后配件铁底塑夹别针

图3-68　软珐琅

材质：铜　工艺：铜质软珐琅，背后配件安全别针

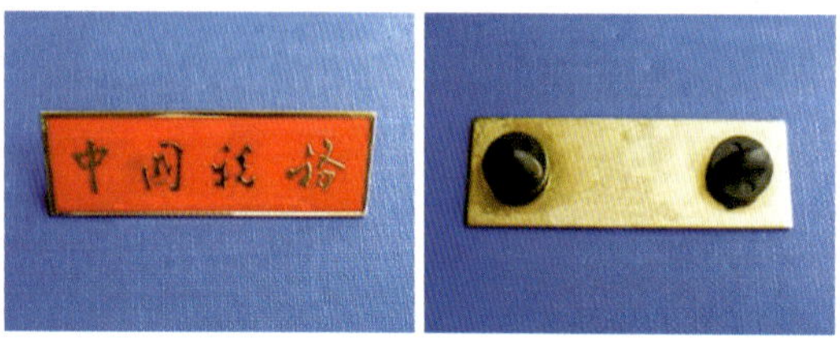

图3-69　名称：工号牌

材质：铜　工艺：铜冲压电镀金色，表面滴胶。背后配件橡胶帽

7. 国旗、企业旗、吉祥物旗旗座造型

（1）旗帜规格　日常所见的旗帜，除特殊要求外，习惯上用号型表示它们的规格。具体尺寸如下：

1#旗288cm×192cm；2#旗240cm×160cm；3#旗192cm×128cm；4#旗144cm×96cm；5#旗96cm×64cm；6#旗30cm×20cm；7#旗21cm×14cm；8#旗15cm×10cm。长×高的比例为3：2。天安门广场的国旗是500cm×333cm，悬挂的旗帜一般不可超过这一规格。

（2）旗帜的制作工艺

旗帜的制作工序比较复杂，首先图案徽记及文字必须与旗面尺寸相适应，因此第一步是对图形及文字进行放大或缩小，然后进行分色描黑白稿，或者制图雕刻制成网印版。在丝网印制作过程中，涉及印制台板的宽窄设定、印浆的配制、刮板的选用以及后处理的固色、水洗、熨烫平整等工序。印后还需进行缝制，在确保旗帜规格尺寸的同时，更要注意缝线的坚固性，防止悬挂中被风吹坏。旗杆套（又称旗甬）是旗帜外观的标志，没有它就称不上旗帜，所以它的宽度要与旗帜尺寸相适应。

（3）旗帜材料

制旗用的纺织品基本上以聚酯纤维类春亚纺（薄料）和牛津布（厚料）取代了纯棉布，还有人造纤维织物和真丝绸。

① 分散性染料直接印花工艺。它是聚酯纤维织物的专用染料，色谱齐全，色泽牢面艳丽，目前国内外生产的品种数以千计，选择余地大。用分散性染料直接印花是较普遍的工艺方法。顾名思义，这就是将分散性染料调配成所需色泽的印浆直接印制在白色或浅色的涤纶织物上，待干燥后，在高温下固色，经水洗、皂洗、烘干整理而成。其工艺流程为：配色浆→丝网印→高温固色→水洗→皂洗→烘干整理。

② 丝网印拔染工艺。分散性染料拔染的难度大于其他染料，关键是高温设备和热能的供应，同时对配制色浆的技术要求较高，使用助剂要准确。拔染是用深中色涤纶织物，通过印浆中的助剂，在高温条件下将印制部位的色泽水解成白色。拔染分拔白和色拔，如香港特区旗是拔白（如图3-70），中国国旗是色拔（如图3-71）。

8. 办公文具

（1）笔　通常用丝网印刷或转印技术完成，用色最好要少一些，以降低印刷成本（如图3-72）。

（2）记事本　如图3-73所示。

（3）杯子、杯垫　如图3-74所示。

图3-70　香港特区旗采用的是拔白工艺

图3-71　中国国旗采用的是色拔工艺

图3-72　笔

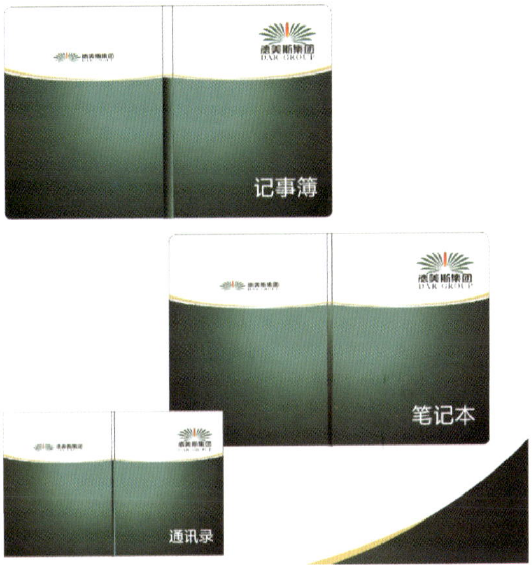

图3-73　记事本

图3-74　杯子、杯垫

二、标志符号指示系统

企业基础VI元素如标志、标准字体、标准色、辅助图形等在企业办公外部和内部环境中的应用，这部分应用项目的特点是涉及用多种材料和工艺制作的内容，设计师将设计方案交给美术社等制作企业，具体的制作工作由这些单位完成，因此，设计师在进行VI设计时，不需要亲自对项目进行制作，但要对制作工艺了如指掌，这样才能使设计项目实现。

1. 户外招牌

通常在公司的办公楼外墙都要放置包含企业标志、名称或辅助图形等其它元素，主要的目的是导视和展示的作用。

企业户外招牌制作的材料多种多样，常见的有户外喷绘，吸塑灯箱，各种底板如墙体、铝塑板、扣板等上做金属字、LED文字，也有综合材质表现的，因为是公司的门面，所以企业通常会在这个项目上投入较大。

（1）喷绘招牌

① 使用的软件：主要应用Photoshop、CorelDraw、Freehand、Illustrator等常用制作软件。

② 户外喷画文件要求：

A. 1平方至10平方以内的文件，为保证精度，文件最好做到70MB左右，DPI不要低于30；

B. 10平方米以上的文件，DPI不要低于25；

C. 特大的文件，文件尺寸缩小10倍，DPI不要低于180。

③ 存储格式：

A. 所有文件最好存为Photoshop的TIF格式，JPG也可以，但压缩比率要在8以上；

B. CorelDraw文件的CDR格式存储时，Freehand、Illustrator所制作的文件最好转为Photoshop的TIF、JPG格式；全部文件以CMYK四色模式制作（如图3-75）。

图3-75 联想公司的喷绘招牌

（2）吸塑灯箱招牌 亚克力又名Acrylic，化学名称为甲基丙烯酸甲酯，即高纯度有机玻璃板，由此制成亚克力板表面光洁度高，户外抗紫外线能力强，一般高纯度的亚克力有色板置于户外8～10年不会褪色。

目前国内见到的亚克力板材，基本为进口或外合资生产，利用模具，通过真空定位、吸压成型，基本成型后，还要经过铣边、镂铣、打磨等几道工序，最后将灯箱铺设光源，烤漆后制作完成。最后是通过丝网印刷将画面转印到亚克力板材上，后经真空吸压成型，还能再吸塑成立体效果（如图3-76）。

图3-76 麦当劳的吸塑灯箱招牌

（3）不同材料的底+不同材料的字

用不同材料的底（如理石、铝塑板、烤漆板、玻璃等）+不同材料的字（金属字如白钢、铜、鎏金、烤漆，雪佛板雕刻字、亚克力字等）（如图3-77～图3-79）

图3-77 yanhoo公司招牌

图3-78 google公司招牌

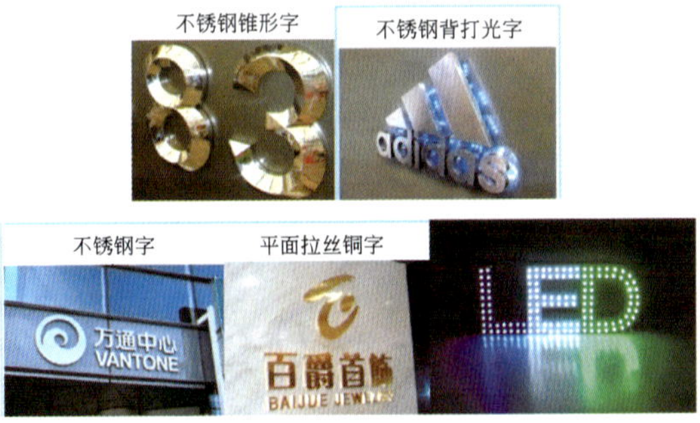

图3-79 常见材料的文字

（4）组合材料 用于美工制作的材料日新月异，设计师也会通过自己的努力不断地将不同领域的其它材料开发出来，应用在平面设计这个部分，如招牌等。因此，除了以上提到的常见的使用材料以外，还可以选择新兴的材料，或将各种已经用于招牌制作的材料和其它的新材料综合应用，进行其它具有创造性的表现（如图3-80）。

图3-80 综合材料招牌

2. 玻璃防撞条

很多企业建筑的大门或入口一侧采用大型的有框或无框玻璃门和玻璃窗，洁净的玻璃窗经常会被忽视，玻璃防撞条也被称作腰线、装饰条，一方面提示行人玻璃的存在，另一方面也起到对宣传企业、导视和装饰的作用。

玻璃防撞条通常选择不干胶通过不干胶雕刻机雕刻所需的图案，然后粘贴在玻璃上（如图3-81、图3-82）。

图3-81 不干胶玻璃贴，装饰了空旷的玻璃，宣传了企业形象

图3-82 karacters品牌VI设计

不干胶也叫自粘标签材料，是以纸张、薄膜或特种材料为面料，背面涂有胶黏剂，以涂硅保护纸为底纸的一种复合材料。

3. 形象墙和接待台

形象墙（ LOGO墙、标志墙 ）通常是位于企业大堂或专卖店对着店门位置的一面墙，有时直接利用建筑实体墙，在墙面上进行装饰而成，有时制作隔断墙体放置于距离入口较近并正对入口的位置，既可以展示企业信息，也可以当作隔断，起到使人员分流的作用。

形象墙上放置的信息要简洁，包括企业标志、企业名称（简称或全称）、广告语和辅助图形（可选择是否放置），要采用标准色，材料选择上也要在VI手册中做统一规定，并在实施中严格执行（如图3-83 ～图3-85）。

4. 导引牌

在比较大型的空间中，如企业办公大楼、医院、大商场或超市，明确、清晰的导引牌的设置是非常重要的，会避免人们迷路，能顺畅的进行业务交流、购物或就诊。

图3-83　形象墙

图3-84　接待台和Logo墙

图3-85　Kasian建筑事务所VI设计作品（企业标志及形象墙应用表现）

（1）户外指示牌　通常放置于大型办公场所的大门之外，办公楼或大型商场、超市等的外部，指示大的功能区的位置和方向，如停车场、入口、出口等（如图3-86 ～图3-88）。

（2）内部指示系统　进入办公楼、购物中心或医院等大型建筑后，建筑内部的结构通常会比较复杂，功能区也比较多，为了明确顺利找到自己想要到达的位置，楼内的指示标牌是非常重要的（如图3-89 ～图3-92）。

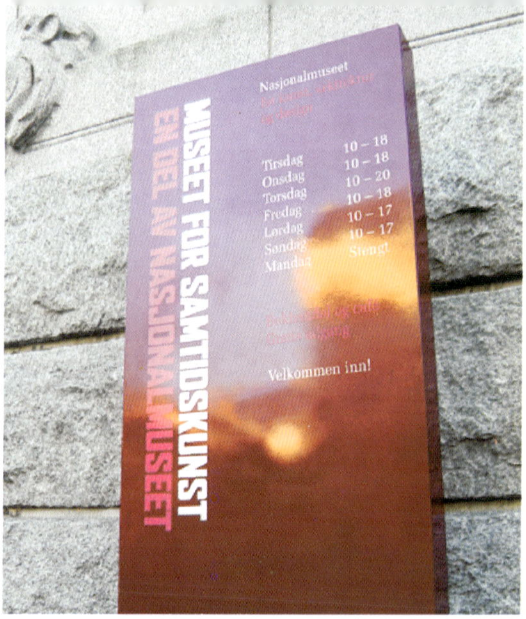

图3-86　挪威Mission品牌设计作品—户外导引牌

图3-87　中国网通集团户外导引牌

图3-88　google户外导引牌

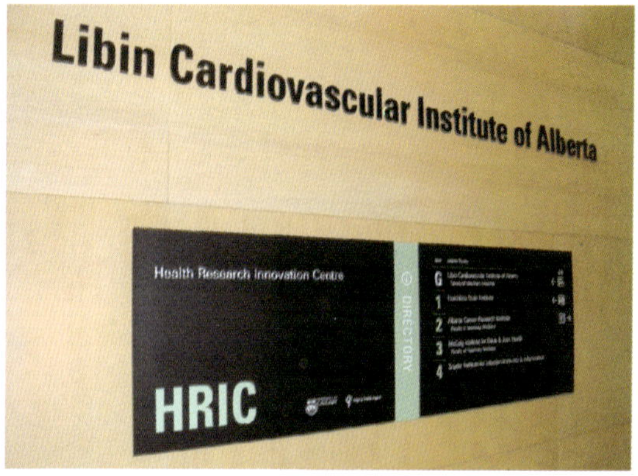

图3-89　楼层指示牌：通常放置于一楼大堂处，说明各楼层的功能

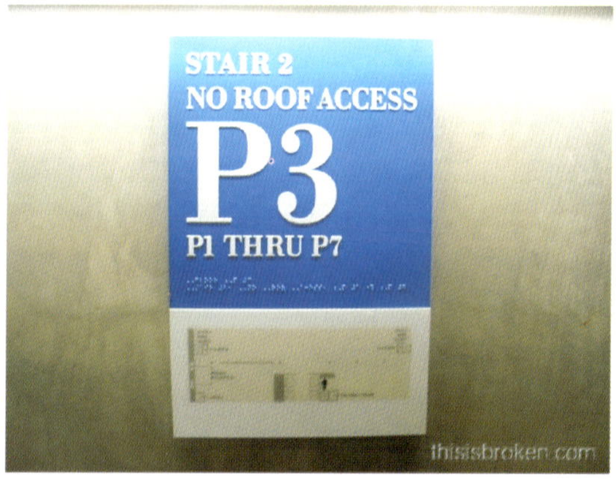

图3-90　楼层指示牌：标示楼层数

图3-91　楼层信息牌

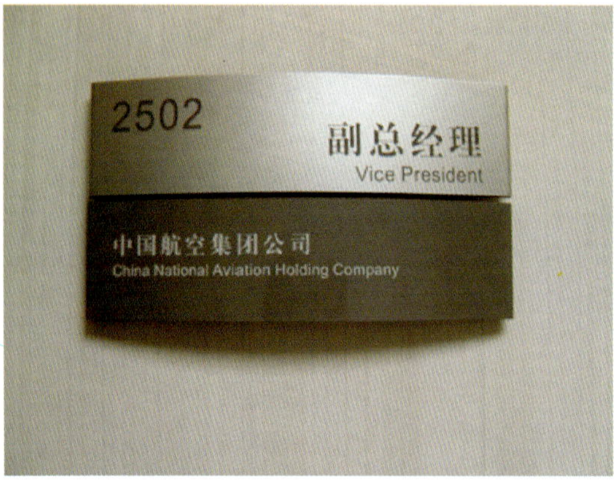

图3-92　部门门牌

图3-93　平面烤漆字招牌

图3-94　歌莉娅服装VI店面招牌应用铝塑板+雪弗板雕刻标志和标准字体

图3-95　karacters品牌VI设计—店面吸塑灯箱招牌

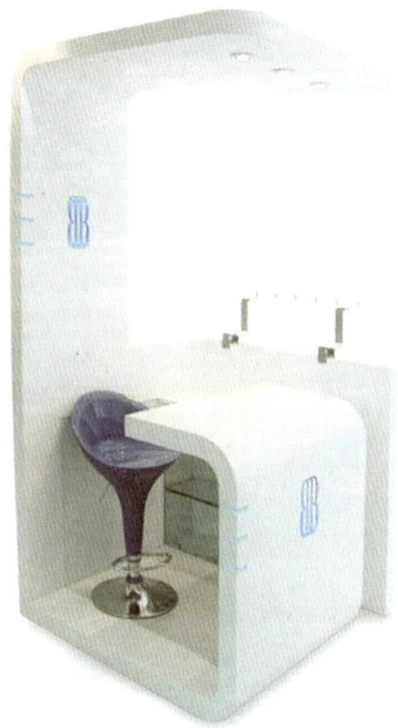

图3-96　收银台

三、销售店面标识系统

销售店面是产品销售终端，通常以专卖店、连锁店、加盟店等形式销售企业生产的商品。品牌是商品的软实力，好的品牌形象有利于商品的销售，消费者更乐于购买。店面内外是展示品牌形象的优质媒体。

专卖店形象设计是很复杂的工程，需要掌握装饰工程的相关知识才能进行有效的设计工作，专卖店设计也被称为SI系统（Store Identity System）设计，即专卖店形象识别系统，一般包括“专卖店理念、文化及行为识别；专卖店展示系统；专卖店宣传规范”等三个部分。

SI系统的规范设计包含几个最基本的原则：

第一，要与品牌的理念识别（MI）及行为识别（BI）相吻合；

第二，要充分考虑市场定位的适应性；

第三，要兼顾空间及美学、消费心理等多维层面；

第四，要在品牌视觉识别（VI）的基础上延伸应用。

SI系统必须与VI系统协调呼应，是VI系统的一个组成部分，店内装饰、门头、主色调都应严格延续VI系统的规范，这样才能有效地传达品牌讯息，让消费者多角度而统一地了解品牌，从而推动产品的销售。

一般销售店面的VI设计包括下面一些内容。

（1）招牌　如图3-93～图3-95所示。

（2）店内展台　如图3-96、图3-97所示。

（3）展板　如图3-98所示。

图3-97　专卖店内展台

图3-98　店内展板

（4）会员卡　会员卡泛指普通身份识别卡，从等级上分，有普通会员卡，贵宾卡，有注册会员卡等。会员制服务是现在流行的一种服务管理模式，会员可以享受到很多特殊的优惠政策，如打折、积分、礼品、附加服务等，同时它也可以提高顾客对企业的忠诚度，使企业拥有稳定的客户群。会员卡可以用不同的材质制作，一般有普通卡、磁卡、IC卡几种。

会员卡包括一些必要的信息，所有的卡上一般都会包含卡的编号、卡的名称、企业名称、联系电话地址、使用说明、签名处等基本信息，磁卡上还有用于识别器使用的磁条、IC卡上有包含信息的微电子芯片，配合相应的设备，可以在计算机上读取客户资料，用于识别和记录使用。

磁卡和IC卡通常采用PVC基材，PVC材料的中文学名是聚氯乙烯，也有金属材质的。

会员卡片标准规格85.5mm×54mm×0.76mm（长宽厚），文件制作用Photoshop软件做图像处理、特殊效果，CorelDraw做标志、位图置入、植字排版、丝印菲林的分色输出、色块、烫金字，文件分辨率在300dpi或以上，色彩模式为CMYK（如图3-99～图3-101）。

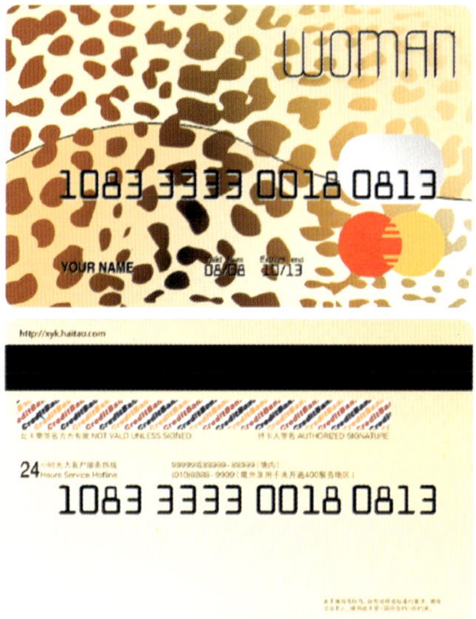

图3-99　PVC基材带磁条的磁卡

图3-100　PVC基材的VIP卡

图3-101　VIP卡

（5）手提袋　手提袋是临时性的包装，主要用于商品或物品的短途运送，应提拿结实，在运送过程中对内容物具有一定的保护作用。同时，在运送过程中，可利用手提袋的展示面展示内容物的相关信息，如企业信息、商品信息、服务信息等。因此也可以成为流动的宣传媒体。

由于手提袋大多数时间不是静止的放在柜台或货架上展示，而是随着人们的行动而移动，因此，在设计图案上应尽量简洁明快，以便于在短时间内抓住人们的视线，向观众传达关键信息。

① 规格。手提袋的规格通常要依内容物的规格而定，为了取用方便，要在内容物宽、高、厚的尺寸上各加长约4cm左右。常用标准规格依据纸张展开尺寸有正度和大度二开、三开、四开等。

大度二开手提袋规格：宽320mm厚100mm高430mm折口35mm

正度二开手提袋规格：宽260mm厚100mm高405mm折口35mm

② 制作材质选择。

A. 纸张：纸张的选择除了要考虑与设计风格相匹配外，还要考虑手提袋的承重问题。一般可选择200g 或250g的纸张，如内容物较重，可选择300g以上的纸张制作。

可选择纸张的种类一般有如下几种。

• 铜版纸——如果图的部分以具有渐变调的图片或多色表现，可选择铜版纸。铜版纸的特点是表面光泽度较好，印刷出来的色彩饱和，纸张韧性好，可折叠收藏。铜版纸有单面铜版（简称“单铜”）和双面铜版（简称“双铜”），制作手提袋由于是单面印刷，选择单铜即可，价格比双铜要便宜（如图3-102）。

• 白卡纸——分为白底白和灰底白卡两种，表面平整，也适合具有渐变调的图片或多色表现，但成袋后不易折叠收藏（如图3-103）。

• 牛皮纸——因颜色不同分为黄牛皮和白牛皮两种，适合单色或双色等表现，不太适合具有渐变调的图片或多色表现，黄牛皮印刷后色彩会透出纸张颜色而产生色调变化。纸张风格古朴，适合表现中国传统、民间、乡土等主题（如图3-104）。

图3-102　铜版纸手提袋

图3-103　白卡纸手提袋

图3-104　黄牛皮手提袋

B. 提手：手提袋的提手是集中受力的地方，因此提手应具有很好的韧性和牢固性，精细适中，色彩多样，以配合提袋袋体部分的色彩表现。

纸绳——环保、美观、古朴，可回收，但不能承受过大的重量，提手的材质主要有彩色纸绳、棉绳和尼龙绳、丝带等（如图3-105、图3-106）。

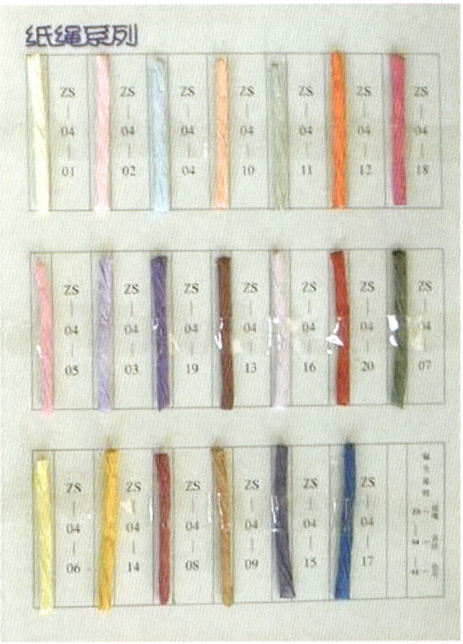

图3-105　手提袋用的彩色纸绳

图3-106　手提袋使用的棉绳

C. 后期工艺

覆膜：亮膜或哑膜

模切：利用制作好的刀版对印刷好的纸张进行模切，对纸张进行外形和压痕处理，以供下一步折叠和糊成品（如图3-107）。

图3-107　模切成镂空效果

烫金：制作高档手提袋用到的工艺（如图3-108）。

图3-108　烫金手提袋

四、企业广告宣传规范

1. 印刷广告

(1) 报纸广告

① 刊例。整版就是一个版，半版、1/3、1/4版依此类推，都以整版的面积为基数乘以相应比例；跨版就是占据左右两版；跨半版就是同时占据左右两版的上半部分或下半部分；报花就是在版面中的小豆腐块，位置不固定；报眼是在报纸的最上部分，一般刊头位置；中缝就是报纸

对折的中间位置。不同报纸的规格会有区别，在做设计之前可向相应的报社索要准确的规格，然后进行设计，在VI应用系统设计中，一般只要设计相应版面的版式就可以了，不需要按精确的规格来设计。

② 电子文件要求：文件不需做出血，分为三种色彩，黑白版、套红版、彩版。文件线数要求是175dpi，Photoshop、CorelDraw、Illustrator等平面设计软件都可以，但向报社交稿是Tif格式，CMYK或灰度模式文件。

③ 报纸广告上包含的要素：企业标志、企业简称和全称、辅助图形、标准色、代理商或经销商地址、电话、广告语、广告内文等。

企业标志、企业简称和全称、辅助图形、标准色要以基础元素为标准，空出较大的版面作为每次不同广告宣传主题展示的位置，广告标语字体通常要进行设计，使主题更加突出，广告内文采用的字体要使用公司常用印刷字体，不能随意使用字体（如图3-109）。

图3-109　国外报纸广告作品

（2）杂志广告　刊登在杂志上的广告。杂志可分为专业性杂志、行业性杂志、消费者杂志和专门的广告杂志等。杂志广告一般采用彩色印刷，纸质也较好，因此画面表现比较精致细腻。

① 版面规格。杂志一般提供封二（封面的背面）、封三（封底的背面）、封底、内页广告等版位，广告的版面规格，通常有整版、半版、二分之一版、四分之一版、六分之一版等几种，封二、封三、封底一般只刊登整版广告，内页广告则可以包括不同的规格。

不同杂志的具体规格也会有所不同，通常以大16开本、32开本较多，也有方形开本，因此具体的规格要依据具体的杂志而定。

② 文件要求：图像是CMYK模式，文件必须有3mm出血位，裁切线以内3mm无阅读性文字，文字不要做四色黑；反白文字不要做四色反白，尽量控制在两色以内，字号不小于10磅（如图3-110）。

图3-110　杂志广告

（3）海报　指展示于公共场所意的印刷广告。海报的规格通常为全开、半开、四开，以四色印刷完成，图像要求分辨率达到300dpi以上，海报上包含的基本内容有广告语、企业的相关信息，如企业标志、全称或简称、地址、联系电话、网址、电子邮箱等（如图3-111）。

图3-111　宣传商品的海报

（4）DM-直邮广告　美国直邮及直销协会对DM的定义如下：“对广告主所选定的对象，将印就的印刷品，用邮寄的方法传达广告主所要传达的信息的一种手段。”

DM除了用邮寄以外，还可以借助于其他媒介，如传真、杂志、电视、电话、电子邮件及直销网络、柜台散发、专人送达、来函索取、随商品包装发出等。DM与其他媒介的最大区别在于：DM可以直接将广告信息传送给真正的受众，而其他广告媒体形式只能将广告信息笼统地传递给所有受众，而不管受众是否是广告信息的真正受众。

DM广告的形式有：信件、海报、图表、产品目录、折页、名片、订货单、日历、挂历、明信片、宣传册、折价券、家庭杂志、传单、请柬、销售手册、公司指南、立体卡片、小包装实物（如图3-112、图3-113）。

图3-112　DM卡片设计

图3-113　DM卡片设计

2. 户外广告

一般把设置在户外的广告叫做户外广告。常见的户外广告有：路边广告牌、高立柱广告牌、灯箱、霓虹灯广告牌、LED看板、户外电视墙等，现在甚至有升空气球、飞艇等先进的户外广告形式。

（1）路牌　单立柱、围挡、广告牌等（如图3-114～图3-116）。

图3-114　单立柱广告

（2）路旗（灯杆旗）　路旗一般都是双面，一个灯柱两侧各一旗。以广告布喷绘画面再悬挂完成（如图3-117）。

图3-115　户外广告牌

图3-116　围挡广告牌

图3-117　灯杆旗

（3）候车亭　在公交车候车亭背景板位置做的广告，通常以灯箱的形式出现，白天和夜晚都可以起到展示的作用。

面板采用全进口耐力板，挺拔平展，透光性强，防水防紫外线。广告画面采用双面丝网印刷或双面电脑喷绘工艺（如图3-118）。

图3-118　候车亭广告

（4）公交车体广告　公交车是中国城市里最重要的交通工具，与人们日常生活息息相关，这就使公交车身成为一种渗透力极强的户外广告媒体，同时公交车身广告又是固定的户外广告的延伸，它具有固定户外广告的优点——广告画面冲击力大，广告影响持续不断，能有效地向特定地区特定阶层进行广告诉求的特点。同时，公交车身广告流动性使车身广告的受众层面更为广泛，广告到达率更高，凭借自身的特点公交车身媒体日益成为众多品牌投放广告的媒体形式之一。

公交车体广告通常采用喷绘背胶车贴，色彩亮丽、防晒、图形清晰（如图3-119）。

图3-119　美国华尔街车体广告

3. 网络广告

网络广告就是在网络上做的广告。利用网站上的广告横幅、文本链接、多媒体的方法，在互联网刊登或发布广告，通过网络传递到互联网用户的一种高科技广告运作方式。

网络广告通常会利用Dreamwaver、Flash等网页制作软件和Photoshop结合制作而成（如图3-120、图3-121）。

图3-120　韩国商品广告宣传网站

图3-121　韩国企业网站主页

五、公共关系赠品设计

1. 贺卡\专用请柬\明信片\挂历和台历

如图3-122～图3-125所示。

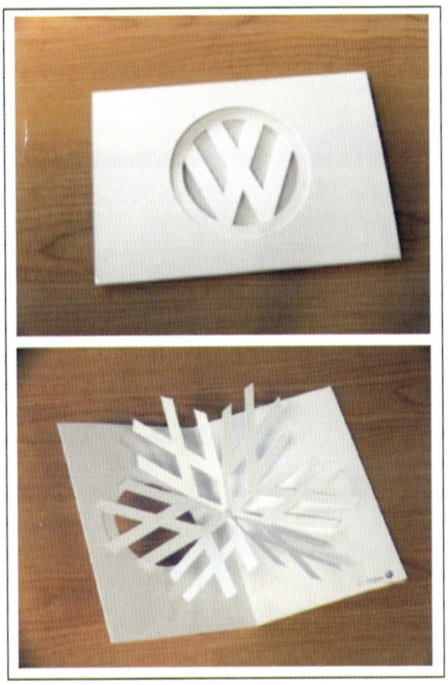

图3-122　大众公司的异型贺卡

图3-123　Google公司的贺卡

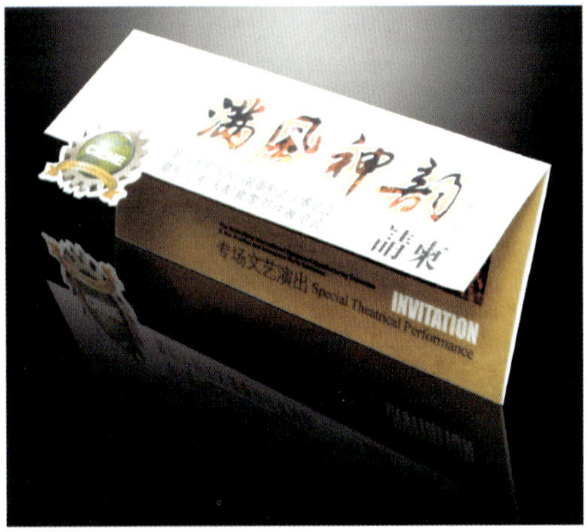

图3-124　会议请柬

图3-125　名信片

2. 礼品

公司在举行各种会议或接待客户等的时候，会赠送一些纪念品或礼品，来沟通感情、融洽关系，这些礼品上要显示企业标志或标准字体、标准色等企业形象。

（1）包装纸　包装纸是用来包裹礼品的特制纸张，通常会用与公司相关的识别元素作为图案，采用纸张印刷的手段完成（如图3-126）。

图3-126　包装纸及包装好的礼品盒

（2）钥匙牌及其它

如图3-127～图3-129所示。

图3-127　2008北京奥运会礼品吉祥物手机链

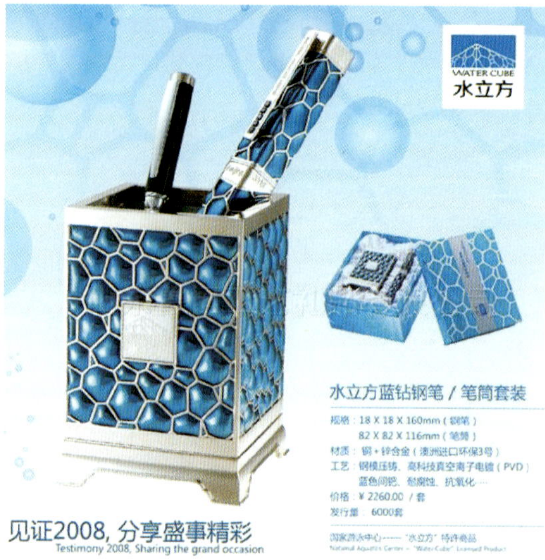

图3-128　2008北京奥运会礼品水立方蓝钻钢笔、笔筒套装

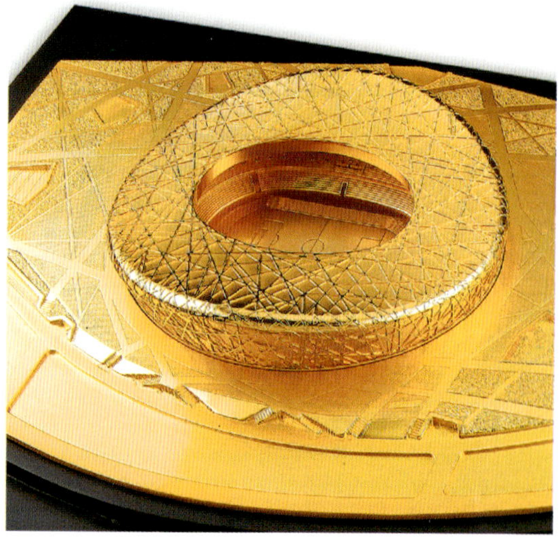

图3-129　2008北京奥运会礼品鸟巢

六、员工服装、服饰规范

企业员工穿着统一风格的服装，用以辨识之用。服装款式如单排扣、双排扣、二粒扣、三粒扣，内袋职业装、贴袋职业装等；按面料花纹、色彩、质地又可衍生出很多变化，在企业着装中，要求色彩、款式风格紧跟企业或政府职业形象，在保证职业装品位与档次的同时又有一定的职业特征诉求。

在款式及色彩的运用上，必须与企业VI标准色和标志、辅助图形相结合，并根据该岗位特点综合考虑它的功能性（如图3-130、图3-131）。

图3-130　办公型企业职业装

图3-131　服务业服装

图3-132　中国德美斯集团企业用车

图3-133　sebastian品牌车体设计

图3-134　sebastian品牌车体设计

图3-135　Ramadani品牌VI形象之集装箱车体设计

七、企业车体外观设计

企业用车通常会制作企业标志等企业形象元素，用于展示企业形象之用。企业车体的外观要区别于车体广告，通常不包含商业广告宣传内容，而用于展示企业视觉形象。企业用车通常有面包车、客车、小轿车、运输车辆等（如图3-132～图3-135）。

第四章　CI案例实例

第一节　企业形象全程推广案例

案例一：吕氏企业CI策划

基本系统目录　　**BASIC DESIGN ELEMENT**

企业基本设计要素　　Basic Design Element of Enterprise

企业标志释意　　Definition of Enterprise Logo

企业标志标准制作图、企业标志方格制作图、企业标志最小使用尺寸（一）

Standard Manufacturing Plan and Grid Manufacturing Plan of the Enterprise logo Minimum Application Size of the Enterprise Logo（Ⅰ）

企业标志标准制作图、企业标志方格制作图、企业标志最小使用尺寸（二）

Standard Manufacturing Plan and Grid Manufacturing Plan of the Enterprise logo Minimum Application Size of the Enterprise Logo（Ⅱ）

企业标志的视觉独立性（安全使用空间）

Visual Independence of the Enterprise Logo（Safety usage Space）

企业标志的其他表现形式 Other Presentations of the Enterprise Logo

企业标准色、辅助色、企业辅助色系列

Standard Colors，Supporting Colors and Supporting Color System of the Enterprise

企业标志与背景色的关系（一）

Relation between the Enterprise Logo and Its Background Colors（Ⅰ）

企业标志与背景色的关系（二）

Relation between the Enterprise Logo and Its Background Colors（Ⅱ）

标志与辅助色系列应用

Logo and Supporting Color System use of the Enterprise

企业中文标志字体、企业中文标志字体方格制作图（标准形）（一）

一、吕氏VI基础系统

企业基本设计要素

Basic Design Element of Enterprise

吕氏企业识别系统的基础设计部分是企业系统的基本元素组合，它包括企业标志、企业标志字体、企业标准色、辅助色及辅助色系、企业名称等元素及各种组合方式，形成企业对外对内传达信息、塑造企业形象的基本核心。律师企业所有部门及下属企业的视觉信息传达以及应用表现，必须严格遵循本手册所规范的使用原则及方法，以便塑造良好的企业形象，达到企业识别的目标。

企业标志

Enterprise Logo

标志是企业重要的形象资产，是对外传递企业讯息的核心。“吕氏集团”的标志图案为一条飞舞的飘带，由字母“LS”变化而来，飘带为蓝、绿两色，代表产品和服务，意为吕氏以优质的产品和完善的服务作为连接企业和消费者的纽带。蓝色代表理性与科技，绿色代表服务与环保。蓝、白色相间的细条代表精细，体现化工行业的特征，同时寓意吕氏产品的丰富多样、服务的细致入微。

企业标志标准制作图、企业标志方格制作图、企业标志最小使用尺寸（一）

Standard Manufacturing Plan and Grid Manufacturing Plan of the Enterprise Logo Minimum Application Size of the Enterprise Logo（Ⅰ）

标准制作图主要运用于制作无法使用负片放大或电子文件的大型制作项目的精确绘制，将标志图形整体比例关系、定位线和基线的相互关系通过数字定位作出明确的规定，以便绘制出正确的企业标志，在制作过程中须严格遵循，并以此作为监督标准。

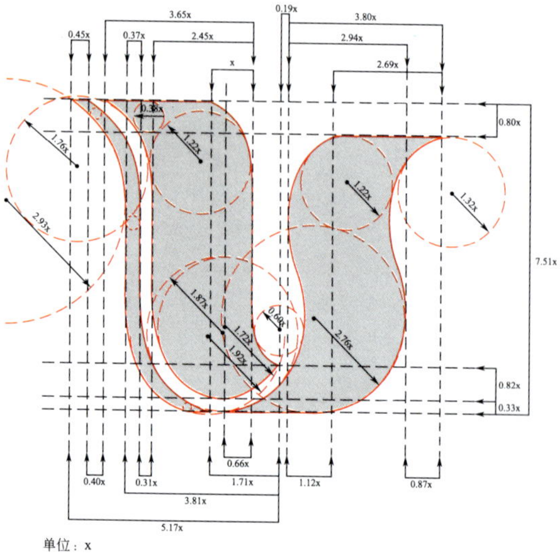

企业标志标准制作图

企业标志标准制作图、企业标志方格制作图、企业标志最小使用尺寸（二）

Standard Manufacturing Plan and Grid Manufacturing Plan of the Enterprise logo Minimum Application Size of the Enterprise Logo（Ⅱ）

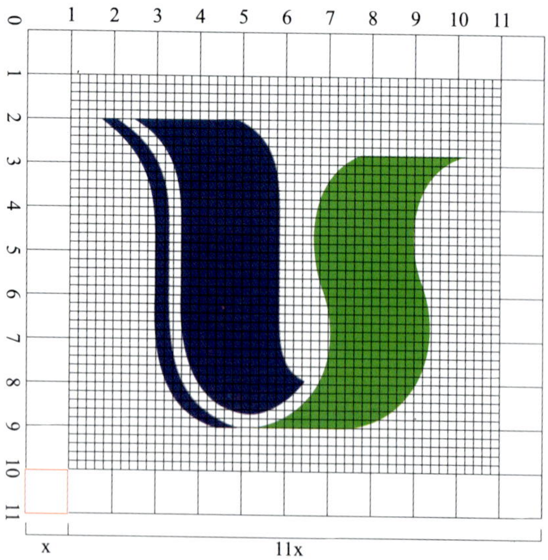

企业标志方格制作图

企业标志最小使用尺寸 6mm

方格图法主要用于快速准确的绘制出企业的标志，从相等的单位方格中得以了解企业标志的造型比例、线条粗细、空间距离等相互关系，确保标志在任何场合的正确表现。

当企业标志作为企业象征意义的功能表现时，为了避免产生模糊不清的不良效果，在使用时规定最小使用尺寸标致宽度不得小于6mm，以确保标志的完整表现。

企业标志的视觉独立性（安全使用空间）

Visual Independence of the Enterprise Logo（Safety Usage Space）

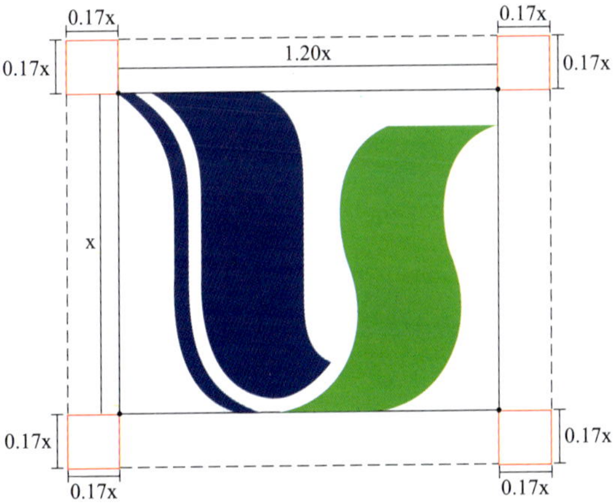

虚线内空间为企业标志最小安全使用空间

为确保充分的识别性及视觉效果，标志有必要取得与周边文字、图形等要素的分离，形成独立的空间，确保标志的视觉独立性，请参照以上的分离图。

对于隔离空间以外的表示，请避免大的、个性强的文字、图片。

企业标志的其他表现形式

Other Presentations of Enterprise Logo

企业标志的表现形式以企业标志为原体，呈现企业形象之多样化和装饰性，辅助衬托和活跃企业的主题，对内对外辅助传达信息，提高基本设计系统的展开功能，丰富企业标志的内涵。

企业标志实地效果

为避免使用上的混乱，企业标志的特殊表现形式仅限于在如下情况使用：企业印刷品的底纹、霓虹灯、标志烫金、标志烫银等特殊材质。

企业标志实地反白效果

企业标准色、辅助色、企业辅助色系列

Standard Colors Supporting Colors and Supporting Color System of the Enterprise

企业标准色是为了增强可识别性而特定的专用色彩，通过色彩视觉的传达使人产生鲜明的印象。

设定数种辅助色，用于适应不同场合的应用，以便更好地衬托表现企业的象征意义。

将企业标准色、企业辅助色为基调的色阶范围规划为企业辅助色系，并且将除此之外的金、

企业标准色：

PANTONG 280C/C100 M75 K25

PANTONG 355C/C80 Y100

企业辅助色：

PANTONG 1665C/Y100 M80

PANTONG 109C/Y100 M15

PANTONG 300C/C100 M30

PANTONG 877C/银

PANTONG 871C/金

企业辅助色系：

C100 M40　C100 M20　C100　C60　C40 M20

C75 Y100　C55 Y100　C25 Y100　C20 Y80　C20 Y60

Y100 M20　Y100 M40　Y100 M60　Y80　Y100

C60 M80　C40 M60　C20 M40　C10 M20

C100 Y30　C80 Y40　C60 Y60

银、红、黄等色规划为企业辅助色系，以增强企业传达的多彩性和企业的活力。

四色印刷采用百分比标色，使用企业色时请一定按以下指定的标明数值的色样，以便达到正确使用之目的。

企业标志与背景色的关系（一）

Relation Between the Enterprise Logo and its Background Colors（Ⅰ）

为确保企业标志与企业背景的明度对比，在此将企业标志与企业背景色的关系进行如下规定。在具体应用中应选用适当的背景色组合，以保证企业标志及其组合元素的识别性和再现性。

标：注明？和红色斜线的地方有可能导致模糊或存在反差弱等问题，在使用时需小心谨慎。

标志在辅助色黄色系上的应用

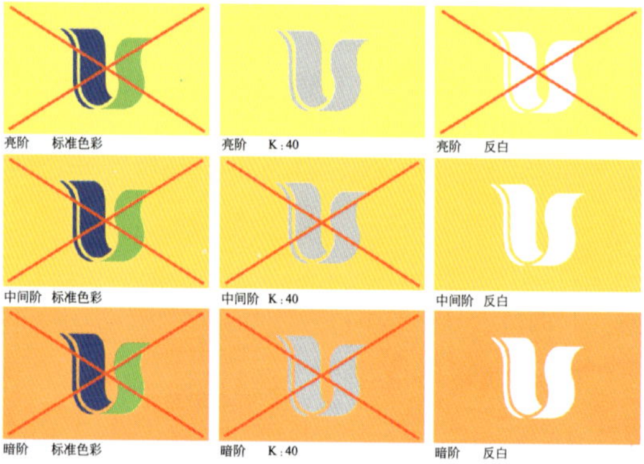

标志在辅助色绿色系上的应用

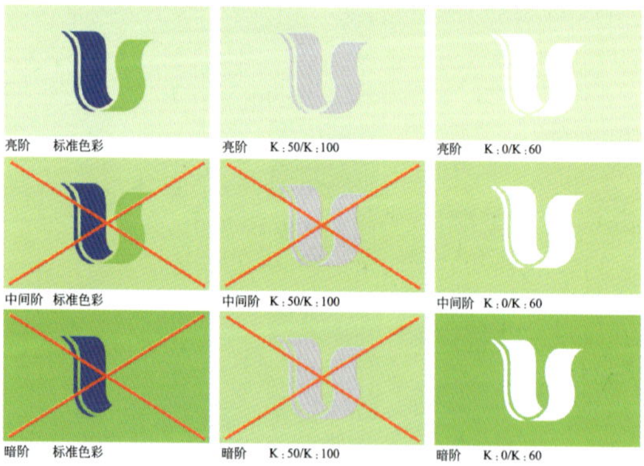

亮阶：灰度0～40%　中间阶：灰度41%～65%　暗阶：灰度66%～100%

企业标志与背景色的关系（二）

Relation between the Enterprise Logo and its Background Colors（Ⅱ）

标志在辅助色蓝色上的应用

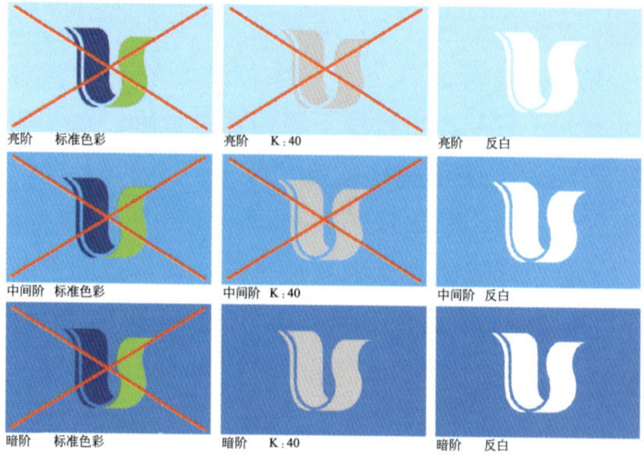

标志在不同灰度上的应用

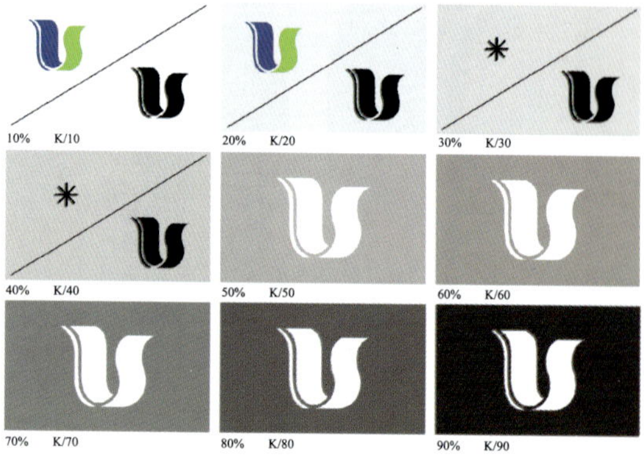

亮阶：灰度0～40%　中间阶：灰度41%～65%　暗阶：灰度66%～100%

标志与辅助色系列应用

Logo and Supporting Color Sysetm Use of Enterprise

在应用中使用规范的色彩，在视觉宣传过程中，应严格按照标准色彩及辅助色系的色值来执行，才能使企业的形象统一、鲜明，并且独具风格。

企业中文标志字体、企业中文字体方格制作图（标准形）（一）

Chinese Typeface of the Enterprise Logo, and Its Grid Manufacturing Plan (Standard) (Ⅰ)

企业的中文标准字体结合产品的特点及应用的视觉效果，经过变化处理而成的专用字体，在制作工作中应严格遵守标准字体的应用规则。

本标准字适用于对外运作的各项规范，为求标准化，企业中文标准字的运用以本范例为准。本组字体备有方格图法可供未来制作大型媒体制作物时，以此绘制企业标准化的中文字体。

标准型在宽度30mm以上使用。

吕氏集团

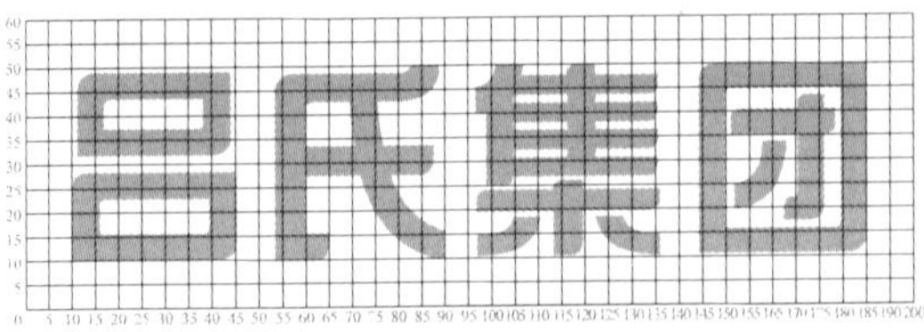

吕氏集团

最小使用尺寸：30mm

企业中文标志字体、企业中文字体方格制作图（标准形）（二）

Chinese Typeface of the Enterprise Logo, and Its Grid Manufacturing Plan (Standard) (Ⅱ)

吕氏集团

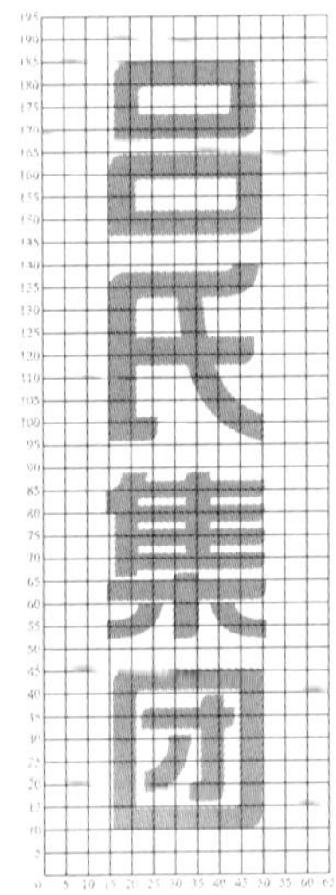

吕氏集团

最小使用尺寸:30mm

企业中文标志字体、企业中文字体方格制作图（修正形）（一）

Chinese Typeface of the Enterprise Logo, and Its Grid Manufacturing Plan (Modified) (Ⅰ)

企业的中文标准字体结合产品的特点及应用的视觉效果，经过变化处理而成的专用字体，在制作工作中应严格遵守标准字体的应用规则。

本标准字适用于对外运作的各项规范，为求标准化，企业中文标准字的运用以本范例为准。本组字体备有方格图法可供未来制作大型媒体制作物时，以此绘制企业标准化的中文字体。

修正型在宽度30mm以下使用。

吕氏集团

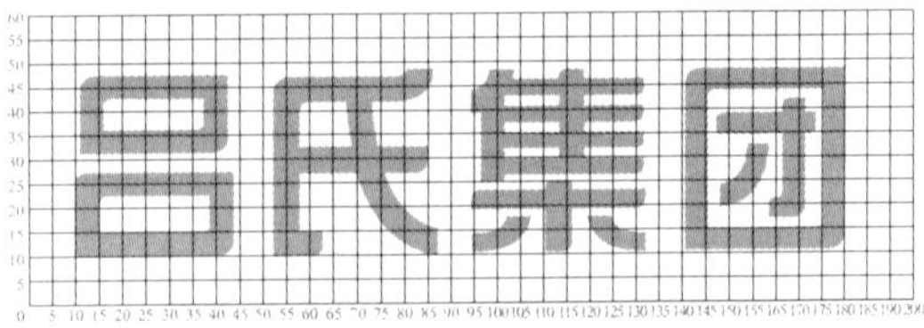

吕氏集团

最小使用尺寸：30mm

企业中文标志字体、企业中文字体方格制作图（修正形）（二）

Chinese Typeface of the Enterprise Logo, and Its Grid Manufacturing Plan (Modified) (Ⅱ)

吕氏集团

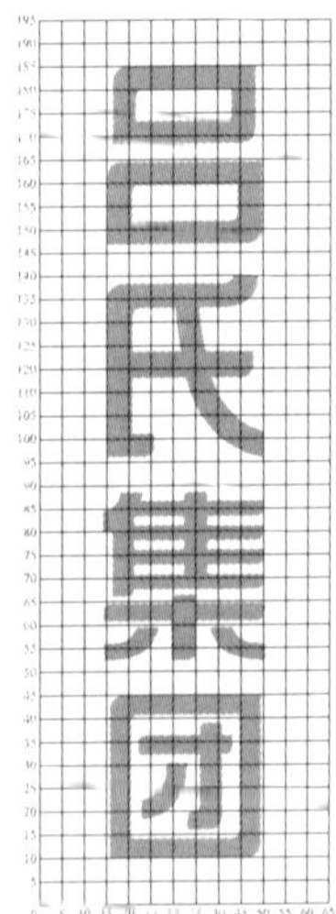

吕氏集团

最小使用尺寸: 15mm

企业的中文标准字体结合产品的特点及应用的视觉效果，经过变化处理而成的专用字体，在制作工作中应严格遵守标准字体的应用规则。

本标准字适用于对外运作的各项规范，为求标准化，企业中文标准字的运用以本范例为准。本组字体备有方格图法可供未来制作大型媒体制作物时，以此绘制企业标准化的中文字体。

修正型在宽度15mm以下使用。

企业标志黑稿及方格制作图

The Enterprise Logo in Black，and Its Grid Manufacturing Plan

企业标志是以吕氏的英文简称“lv shi”作为基本元素，代表企业形象，不得任意取代。

标志制作采用方格图，能够明确地了解自己的造型、比例及空间距离等相互关系，须在制作过程中严格遵守，并以此作为监督的标准。

最小使用尺寸：6mm

企业标志中文标准字误用范例

Incorrect Usage of Chinese Corporate Typeface

为了避免中文标准字的不当运用，而导致企业形象的不良扩散，预先制定中文标准字运用的各种误用的范例，作为禁用的原则，以预防中文标准字的不当运用。

组合方式错误

组合方式错误(加框)

色彩错误

文字大小不一

组合方式错误(字间过大)

文字压缩

底纹复杂

组合方式错误

企业标志英文标准字（全称）

Standard English Typeface of The Enterprise Logo（Completed）

本标准字适用于对外运作的各项规范，为求标准化，企业英文标准字的运用以本范例为准。本组字体备有方格图法可供未来制作大型媒体制作物时，以此绘制标准化的英文字体。

LUSHI GROUP

LUSHI GROUP

企业标志中文商标图形（标准形）

Chinese Typeface of The Enterprise Logo（Standard）

本商标图形适用于对外运作的各项规范，为求标准会，商标标准图形的运用以本范例为准。本图形备有方格图法可供未来制作大型媒体制作物时，以此绘制企业标准化的商标图形。

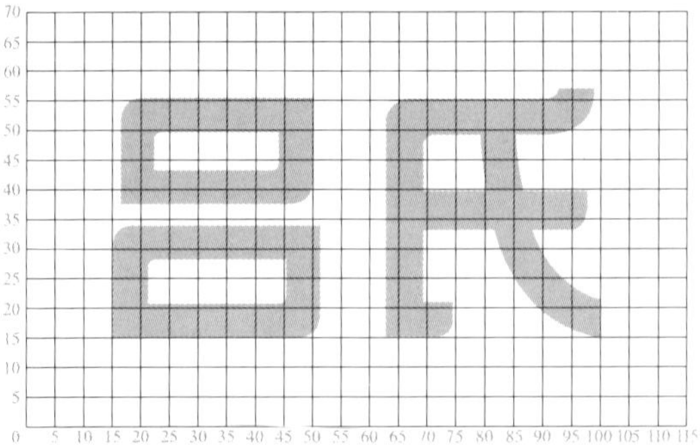

最小使用尺寸：10mm

企业标志英文商标图形（标准形）

English Typeface of The Enterprise Logo (Standard)

本商标图形适用于对外运作的各项规范，为求标准化，商标标准图形的运用以本范例为准。本图形备有方格图法可供未来制作大型媒体制作物时，以此绘制企业标准化的商标图形。

最小使用尺寸：10mm

企业中英文标准字体组合、企业中英文标准字体组合方格制作图

Chinese English Typeface of The Enterprise Logo, and Its Grid Manufacturing Plan

企业中文标准字体与企业英文标准字体组合规范，是为了便于企业中英文简称同时出现的情况下而制定的使用规范。在使用时应注意两者的协调性和独立性。

企业中英文标志字体组合规范制作主要采用方格图，能够明确地了解字体的造型、比例及空间距离等相互关系，必须在制作过程中严格遵循，并以此作为监督标准。

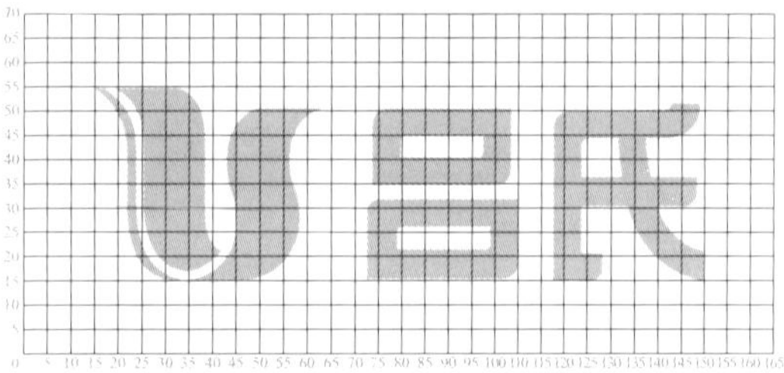

最小使用尺寸：15mm

企业标志字体之阴阳表现（一）

Negative and Positive Presentation of The Logo Typeface (Ⅰ)

企业中英文字体，采用格调统一的专用字体，是企业识别系统中的基本设计要素，代表企业的形象。

企业标志字体之阴阳表现（二）

Negative and Positive Presentation of The Logo Typeface (Ⅱ)

企业标志字体，采用格调统一的专用字体，

是企业识别系统中的基本设计要素，代表企业的形象。

企业标志字体之阴阳表现（三）

Negative and Positive Presentation of The Logo Typeface（Ⅲ）

企业标志字体，采用格调统一的专用字体，是企业识别系统中的基本设计要素，代表企业的形象。

企业标志与企业品牌基本组合（一）

Basic Combinations of Enterprise Logo and Logo Typeface（Ⅰ）

企业标志与企业标志字体的基本组合，构成了企业的象征标志，是企业CI中首要的视觉要素，中文标志字体、英文标志字体同企业标志的基本组合分别采用相似的组合方式，以求一致的视觉传达效果。在使用时保持基本组合的正确空间和比例关系，以确保其在应用项目中的权威性和识别性，从而塑造正确、良好的企业形象。

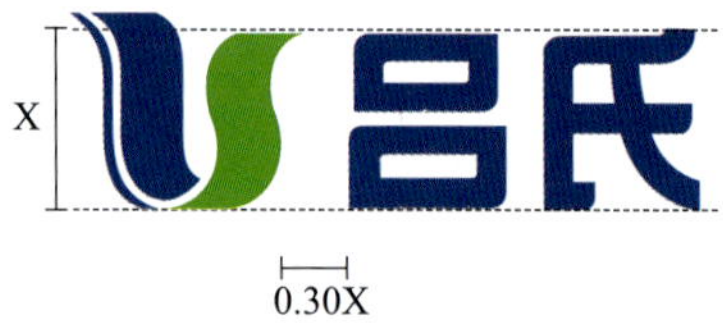

企业标志与企业品牌基本组合（二）

Basic Combinations of Enterprise Logo and Logo Typeface（Ⅱ）

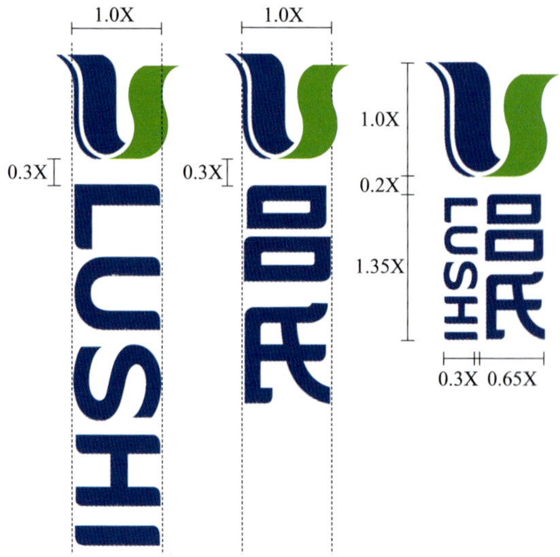

企业中文名称标准字、企业中文名称标准字方格制作图

Standard Chinese Enterprise Name, and Its Grid Manufacturing Plan

企业中文名称标准字，为本企业专用的中文字体，具有鲜明的个性和表现力，代表企业的形象，不得任意取代。企业中文名称标准字分为横、竖两种排列形式，以适应在不同环境中的应用。企业中文名称标准字制作主要采用方格图，能够明确地了解字体的造型、比例及空间距离等相互关系。须在制作过程中严格遵循，并以此作为监督的标准。

标准字体最小应用范围：为保证标准字在任何场合中使用的适合性、规范性和方便性，此标准字的最小适用范围为45mm，在使用中不得小于此最小范围。

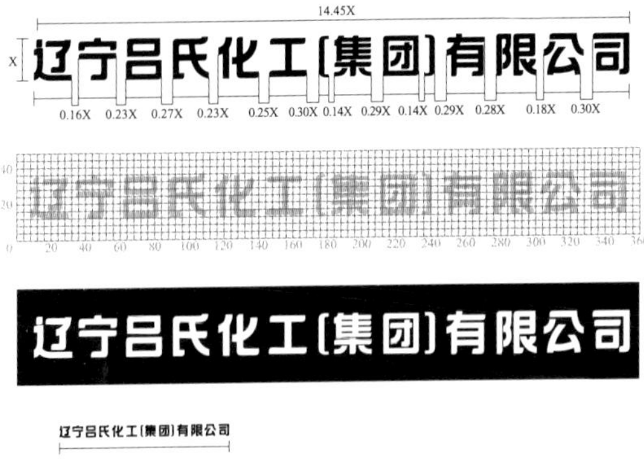

最小使用尺寸：45mm

企业英文名称标准字、企业英文名称标准字方格制作图

Standard English Enterprise Name, and Its Grid Manufacturing Plan

企业英文名称全称标准字体，为企业专用的英文字体，它采用了Zurich Cn Bt 字体，并进行了笔画加粗处理结合中文字体，表现出鲜明的个性和突出的表现力，代表企业的形象，不得任意取代，在制作过程中要严格遵照该字体。

企业英文名称全称标准字体制作主要采用方格图，能够明确的了解字体造型、比例及空间距离等相互关系。也须在制作工程中严格遵循，并以此为监督的标准。

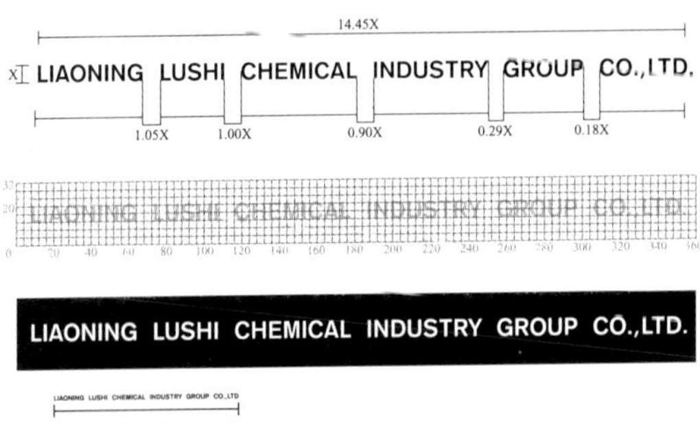

最小使用尺寸：45mm

企业中英文名称标准字组合、企业中英文名称标准字组合方格制作图

Standard Chinese—English Enterprise Name, and Its Grid Manufacturing Plan

企业中英文名称标准字组合规范，是为了便于企业中英文名称同时出现的情况下而制定的使用规范，在使用时应注意两者的协调性和独立性。

企业中英文名称标准字组合规范制作主要采用方格图，能够明确地了解字体的造型、比例及空间距离等相互关系。须在制作过程中严格遵循，并以此作为监督的标准。

最小使用尺寸：45mm

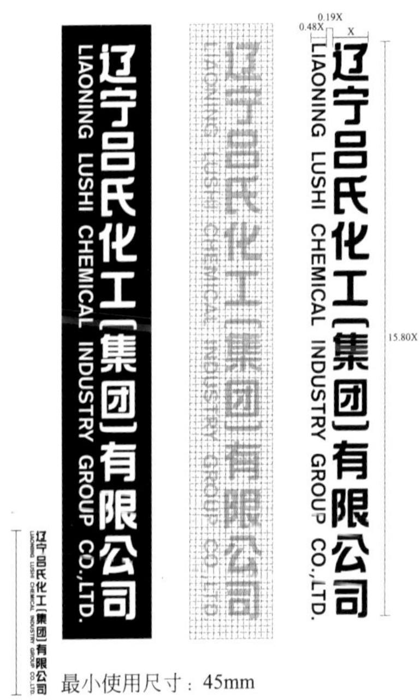

最小使用尺寸：45mm

企业标志与企业名称基本组合（一）

Basic Combinations of Enterprise Logo and Name（Ⅰ）

企业标志与企业名称的基本组合，构成了企业的象征标记，是企业对外信息传达的重要的视觉要素。在使用时保持基本组合的正确空间和比列关系，以确保其在应用设计项目中的权威性和识别性，从而塑造正确、良好的企业形象。

企业标志与企业名称基本组合（二）

Basic Combinations of Enterprise Logo and Name（Ⅱ）

企业标志与企业名称基本组合（三）

Basic Combinations of Enterprise Logo and Name（Ⅲ）

企业标志与企业名称基本组合（四）

Basic Combinations of Enterprise Logo and Name（Ⅳ）

企业标志与企业名称基本组合（五）

Basic Combinations of Enterprise Logo and Name（Ⅴ）

企业标志禁用范例

Example of the Forbidden Uses of the Logo

为了避免标志在应用中的错误使用，而导致企业形象的不良传播，凡违法本手册规定的企业标志、企业标志字体及标准色组合，均禁止使用。在此，特列举几种可能发生的错误范例，以引起各相关部门的注意，确保企业标志的正确再现。

标志错误 色彩错误 方向错误

方向错误 部添加图案或颜色错误 比例错误

标志元素分解错误 标志倾斜变形错误 方向错误

复杂图案错误 背景色灰度超过70%错误 加框错误

企业指定印刷字体

Printing Typeface Designated by the Enterprise

细仿宋 Newspaer Song	企业指定印刷字体
书宋 Handwriting Song	企业指定印刷字体
中楷简 Little Standard Song	企业指定印刷字体
行楷 Big Standard Song	企业指定印刷字体
细圆 Thin Round	企业指定印刷字体
幼圆 Medium Round	企业指定印刷字体
粗圆 Thick Round	企业指定印刷字体
中等线 Medium Equal lines	企业指定印刷字体
细等线 Thin Equal lines	企业指定印刷字体
中黑体 Bold	企业指定印刷字体
大黑体 Big Bold	企业指定印刷字体

Gothic Bd Bt	ABCDEFGHIJKLMNOPQRSTUVWXYZ Abcdefghijklmnopqrstuvwxyz 1234567890
Folio Lt Bt	ABCDEFGHIJKLMNOPQRSTUVWXYZ Abcdefghijklmnopqrstuvwxyz 1234567890
Swis 721 Ltcn Bt	ABCDEFGHIJKLMNOPQRSTUVWXYZ Abcdefghijklmnopqrstuvwxyz 1234567890
Abadi Mt	ABCDEFGHIJKLMNOPQRSTUVWXYZ Abcdefghijklmnopqrstuvwxyz 1234567890

企业标志与企业标志字体禁用范例

Example of the Forbidden Uses of the Basic Combinations of Logo and Logo Typeface

为了避免企业标志在应用中的错误使用，而导致企业形象的不良传播，凡违反本手册规定的企业标志、企业标志字体及标准色组合，均禁止使用。在此，特列举几种可能发生的错误范例，以引起各相关部门的注意，确保企业标志的正确再现。

基本组合错误 基本组合错误

基本组合位置变化错误 标志与字体组合位置颠倒

基本组合中元素位置偏移 基本组合中元素大小比例变化

基本组合错误 基本组合错误

应用系统目录	APPLIATION DESIGN SYSTEM
名片	Business Card
5#信封（普通）	Envelope for Local
7#信封（普通）	Envelope for Local
9#信封（普通）	Envelope for Local
普通信纸	Writing Paper
传真纸	Fax Paper
文件袋	Envelope for Documents
资料夹、文件封皮	Folder、Cover of File

档案夹贴纸　Labels of File
文头纸　Cover Sheet of Official Documents
事物表格（一）　Business Forms（Ⅰ）
事物表格（二）　Business Forms（Ⅱ）
协议书　The Cover of Contract
公司简介　Brochure
部门标识牌　Department Signs
楼层信息牌　Floor Indicator
公共标识图案　Public Sigh Pattern
服务台（形象墙）　Information Desk
直式招牌、横式招牌、方形招牌
Signs（Perpendicular）、Signs（Horizon）、Signs（Rectangular）
玻璃门　Glass Door
纸杯　Paper Cup
企业烟具、礼盒　Smoking Set、Gift
手提袋　Bag
塑料袋　Plastics Bag
包装纸　Wrapping Paper
胶带　Adhesive Tape
公司旗（一）　Flag（Ⅰ）
公司旗（二）　Flag（Ⅱ）
旋风旗（一）　Flag（Ⅰ）
旋风旗（二）　Flag（Ⅱ）
挂旗　Hanging Flag
桌旗　Flag
货车　Truck
工作证、徽章　Identification、Badge
员工胸卡　Card
领带、领带夹　Tie、Tie clasp
报纸广告规范（一）　Newspaper Advertisement（Ⅰ）
报纸广告规范（二）　Newspaper Advertisement（Ⅱ）
报纸广告规范（三）　Newspaper Advertisement（Ⅲ）
报纸广告规范（四）　Newspaper Advertisement（Ⅳ）
杂志广告规范（一）　Magazine Advertisement（Ⅰ）
杂志广告规范（二）　Magazine Advertisement（Ⅱ）
路牌广告规范（一）　Advertising Board（Ⅰ）
路牌广告规范（二）　Advertising Board（Ⅱ）
路牌广告规范（三）　Advertising Board（Ⅲ）
路牌广告规范（四）　Advertising Board（Ⅳ）
专卖店招商规范　Retailer Shop Signage
专卖店背景墙规范　Setting Wall of Exclusive Agency
笔记本　Notebook
钢笔、水性笔、钥匙扣　Key Chain、Pen
自动铅笔、橡皮　Automatic Pencil、Earser
光盘　CD
T恤衫、文化衫　Shirt、T-shirt
工作服　Uniform
手表　Watch
名片夹、皮夹　Business Card Billfold、Wallet
帽子　Hat
晴雨伞　Umbrella

二、吕氏VI应用系统

名片

Business Card

规格：90mm×55mm

材质：220g以上胶版纸或其他适用纸

色彩：标准色

字体：企业名（中英文）/标准字　英文/方正细黑-简体　姓名/方正细黑-简体　其他/方正细黑-简体

信封（普通）

Envelope for Local

规格：110mm×220mm

材质：120g胶版纸或其他适用纸

色彩：标准色

字体：企业名（中英文）/标准字　其他/方正细黑-简体

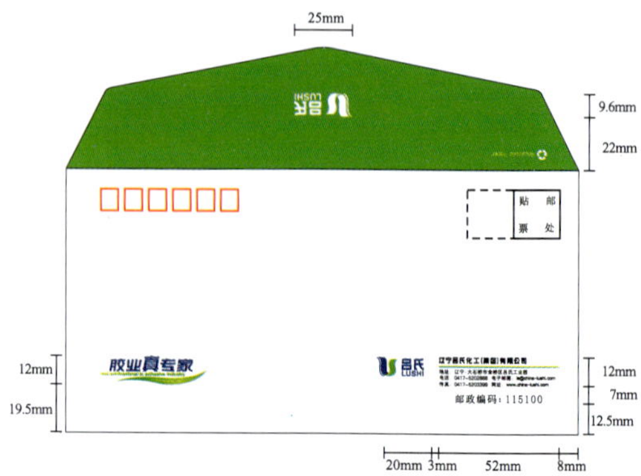

信封（普通）

Envelope for Local

规格：160mm×220mm

材质：140g胶版纸或其他适用纸

色彩：标准色

字体：企业名（中英文）/标准字 其他/方正细黑-简体

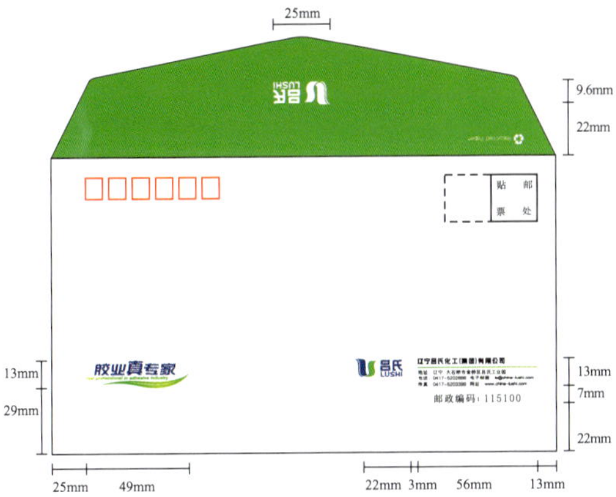

信封（普通）

Envelope for Local

规格：237mm×335mm

材质：140g胶版纸或其他适用纸

色彩：标准色

字体：企业名（中英文）/标准字 其他/方正细黑-简体

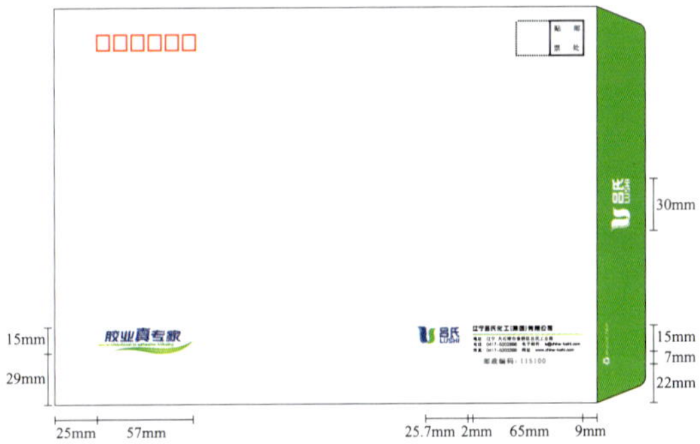

普通信纸

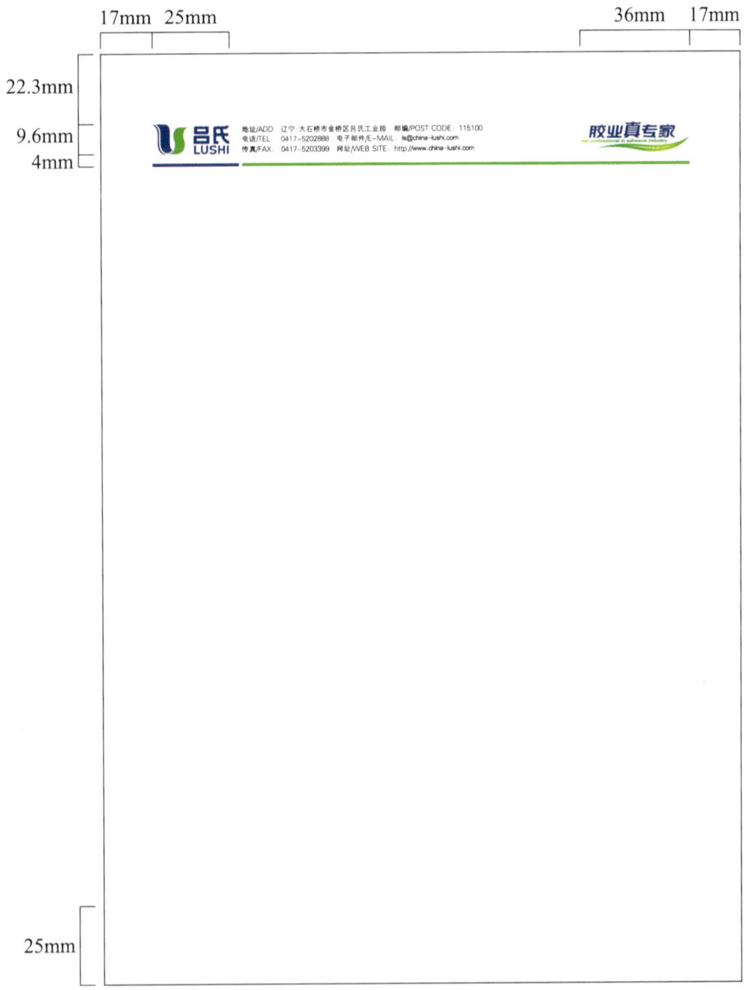

Writing Paper

规格：210mm×297mm

材质：70g胶版纸或其他适用纸

色彩：标准色

字体：企业名（中英文）/标准字　其他/方正细黑-简体

传真纸

Fax Paper

规格：210mm×297mm

材质：70g胶版纸或其他适用纸

色彩：标准色

字体：企业名（中英文）/标准字　英文/方正细黑-简体　其他/方正细黑-简体

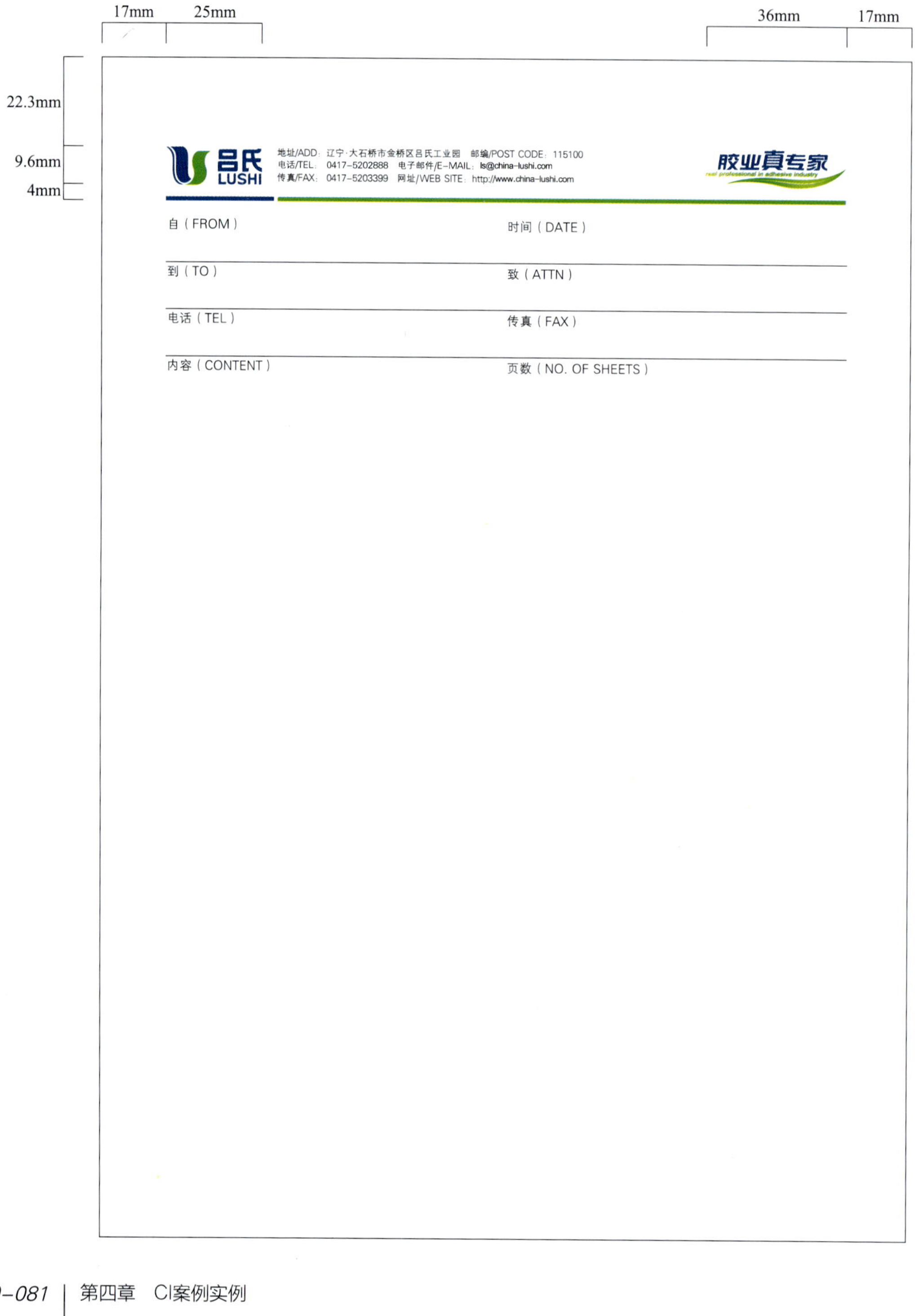

文件袋

Envelope for Documents

规格：237mm×335mm

材质：140g白牛皮纸或其他适用纸

色彩：标准色

字体：企业名（中英文）/标准字 其他/方正中等线简体

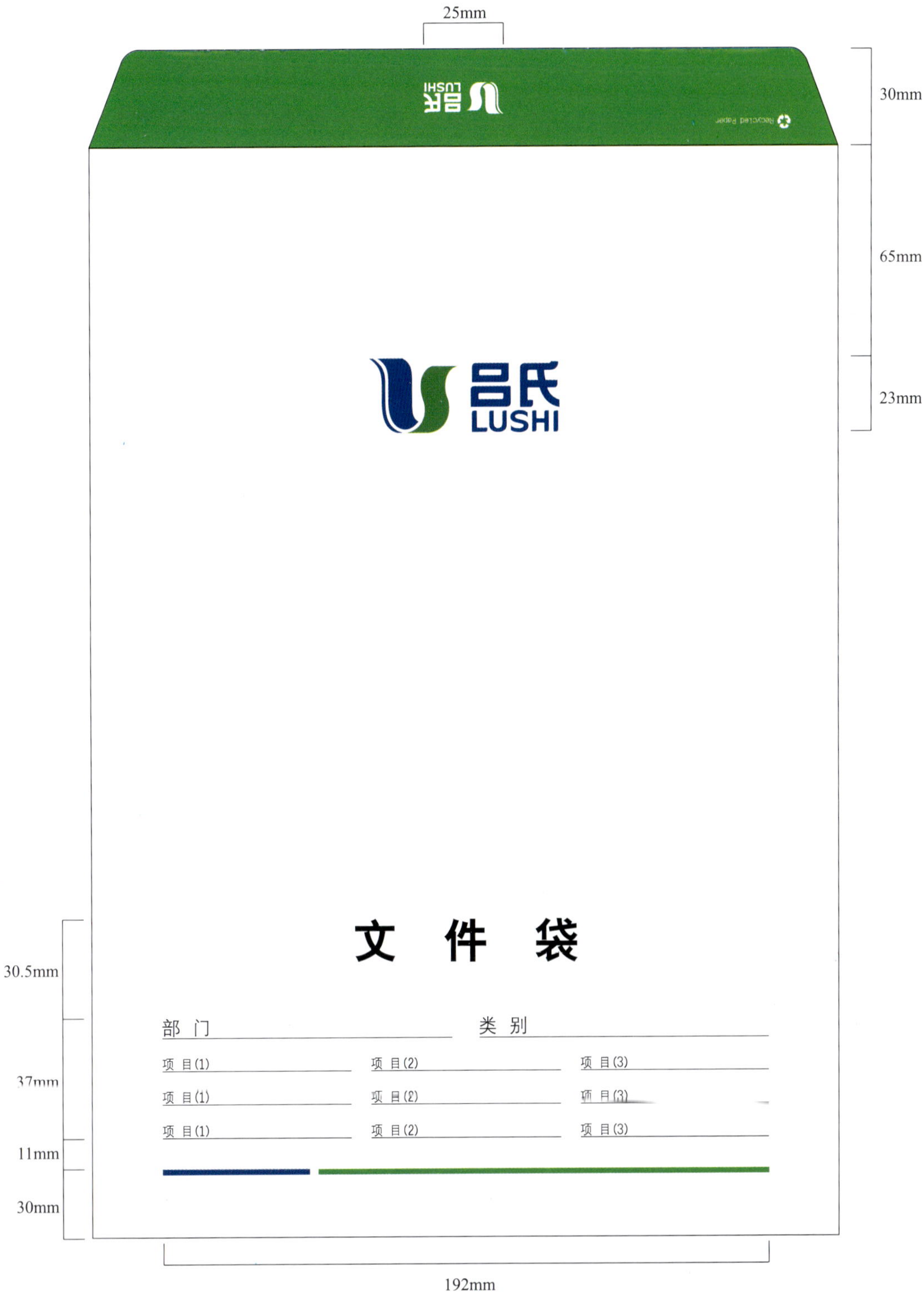

资料夹、文件封皮

Folder、Cover of File

规格：成品尺寸210mm×297mm

材质：250g铜版纸覆亚光膜

色彩：标准色，标志、文字/反白

字体：企业名（中英文）/标准字 其他/方正细黑一简体

（注：用作文件封皮时，封底、封面切开）

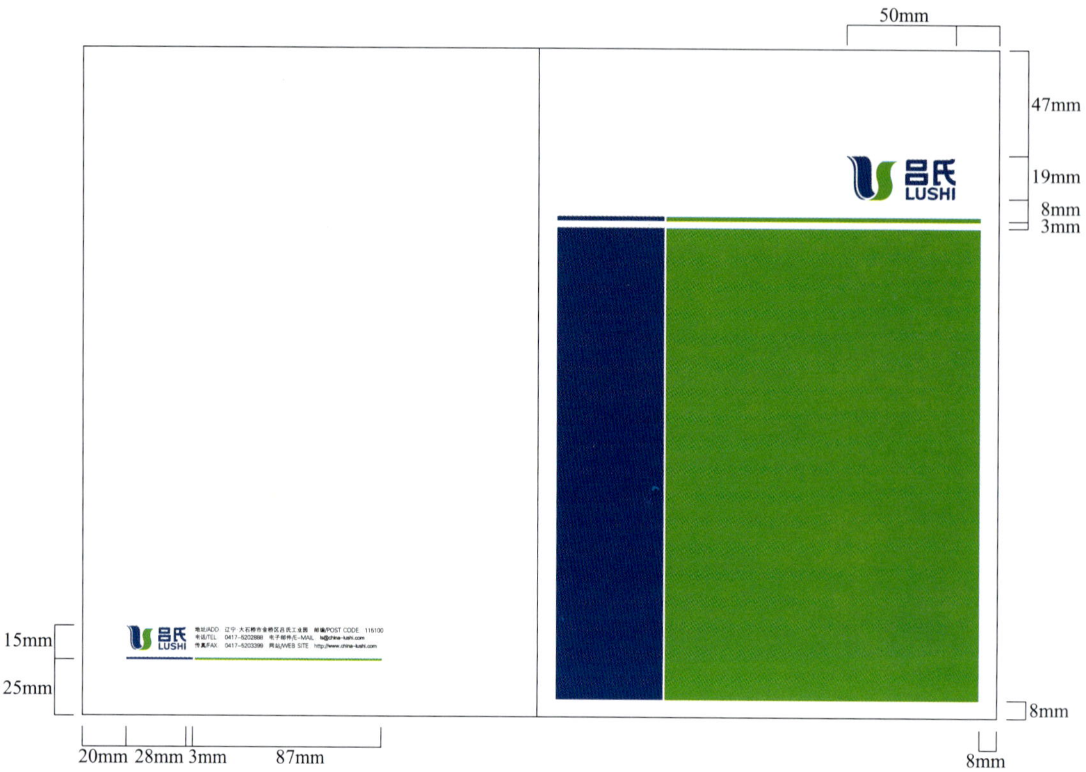

档案夹贴纸

Labels of File

规格：依实际情况而定

材质：210g铜版纸

色彩：标准色

字体：企业名（中英文）/标准字

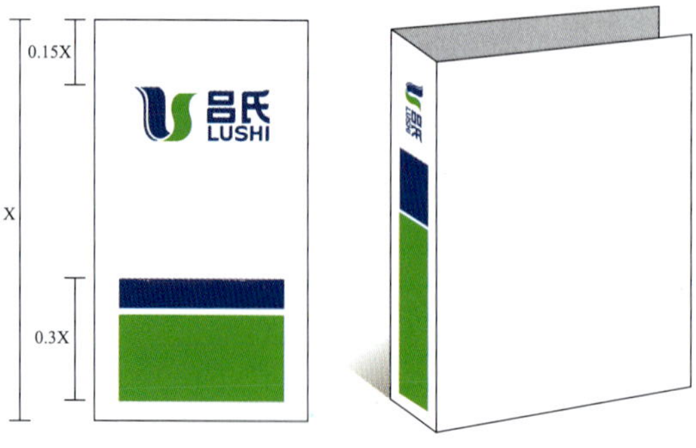

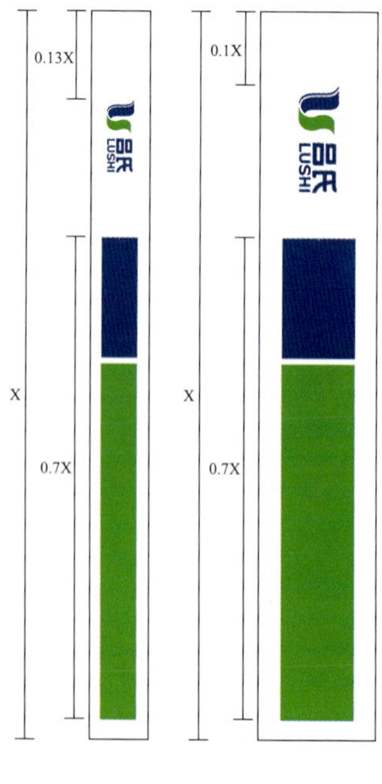

文头纸

Cover Sheet of Official Documents

规格：210mm×297mm

材质：70g胶版纸或其他适用纸

色彩：金光红（仅用于文头纸）

事物表格（一）

Business Forms（Ⅰ）

规格：185mm×130mm

材质：70g胶版纸或其他适用纸

色彩：标准色

字体：企业名（中英文）/标准字 其他/中黑/方正细黑-简体

事物表格（二）

Business Forms（Ⅱ）

规格：210mm×297mm

材质：70g胶版纸或其他适用纸

色彩：标准色 装订线/黑/虚线

字体：企业名（中英文）/标准字 其他/方正细黑-简体

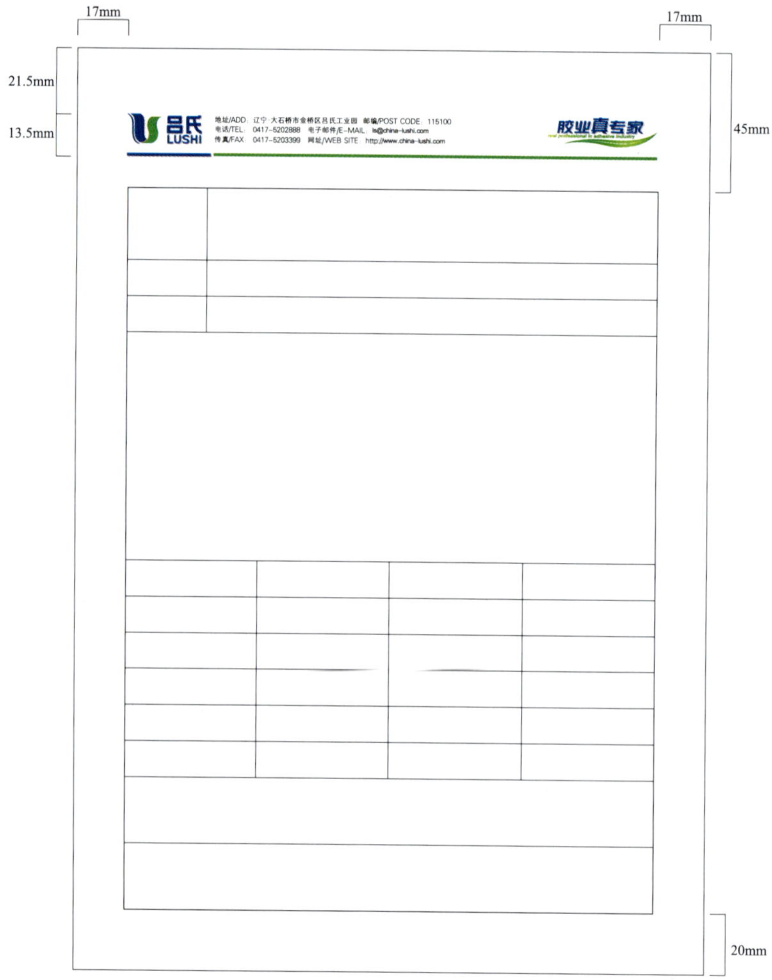

协议书

The Cover of Contract

规格：成品尺寸210mm×297mm

材质：200g以上环保胶版纸

色彩：标准色/文字、标识/反白

字体：企业名（中英文）/标准字 其他/中黑/方正细黑-简体

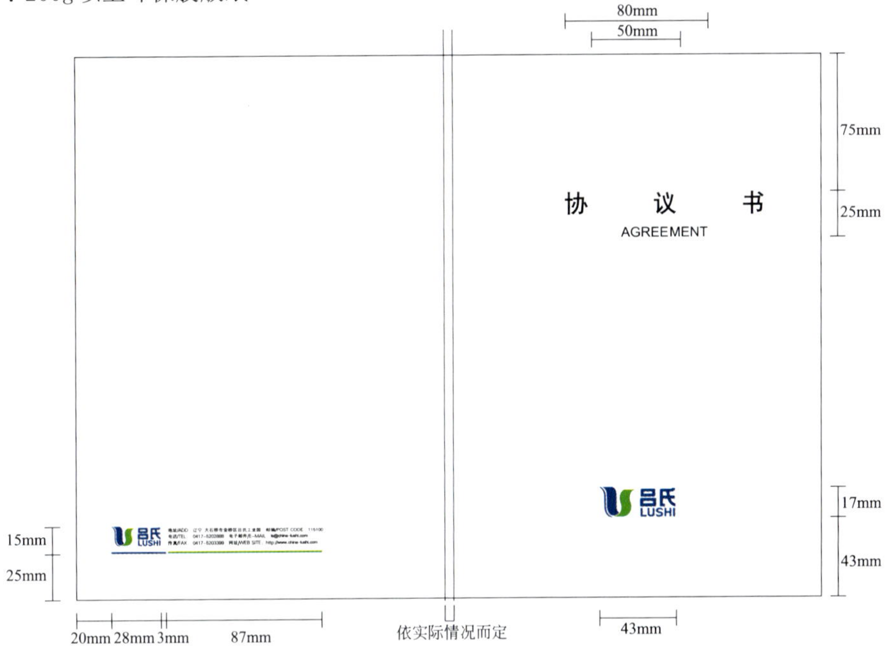

公司简介

Brochure

规格：成品尺寸210mm×285mm

材质：230g铜版纸/覆亚光膜 封面/标志、集团名反白 封底/文字反白

色彩：标准色/标志反白

字体：企业名（中英文）/标准字 其他/中黑/方正细黑-简体

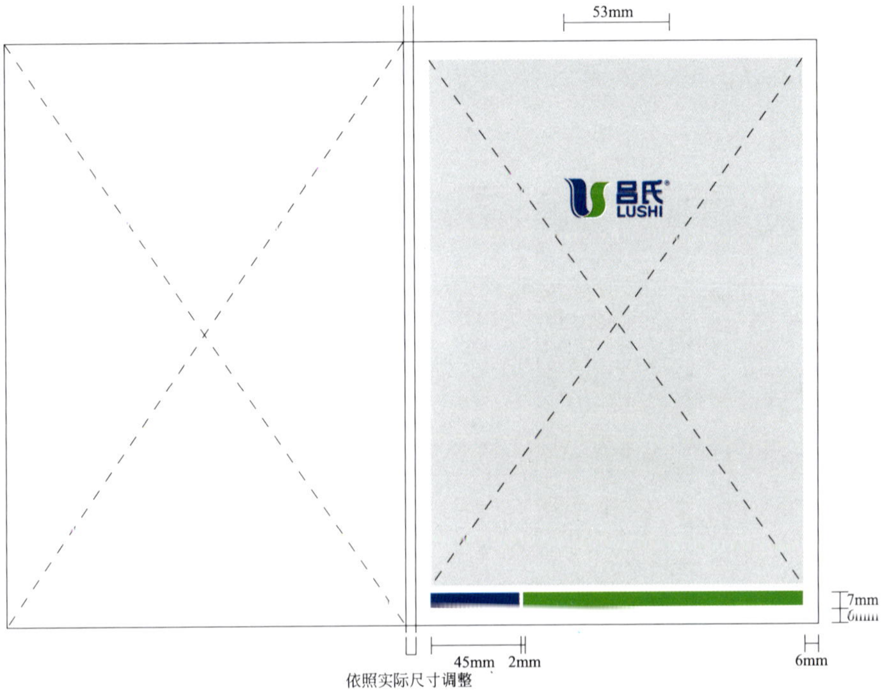

部门标识牌

Department Signs

规格：270mm×100mm

材质：亚光不锈钢板/烤漆或覆及时贴

色彩：标准色/标志反白

字体：中黑

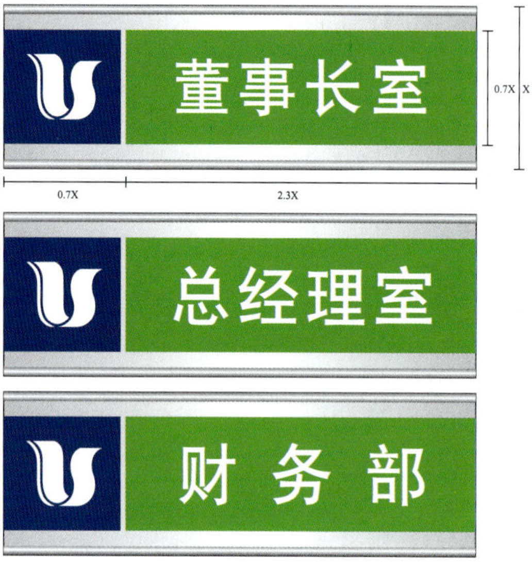

楼层信息牌

Floor Indicator

规格：依实际情况而定

材质：亚光不锈钢板/烤漆或覆及时贴

色彩：标准色/标志反白

字体：企业名（中英文）/标准字 其他（中英文）/中黑

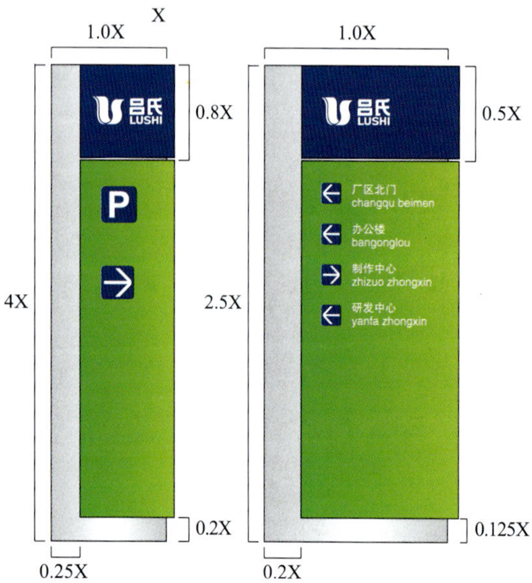

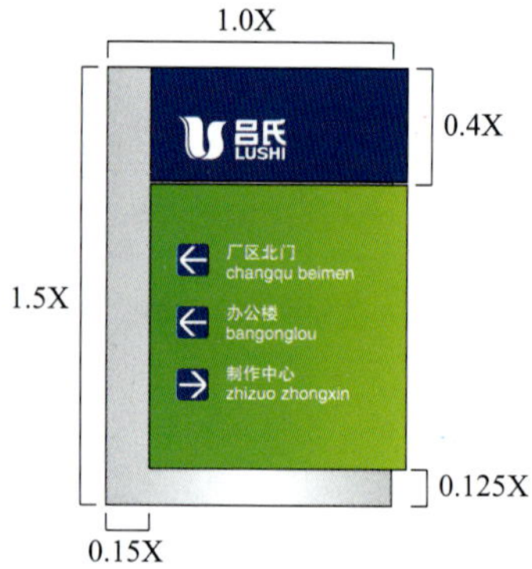

公共标识图案

Public Sigh Pattern

规格：依实际情况而定

材质：亚光不锈钢板/烤漆或覆及时贴

色彩：标准色

服务台（形象墙）

Information Desk

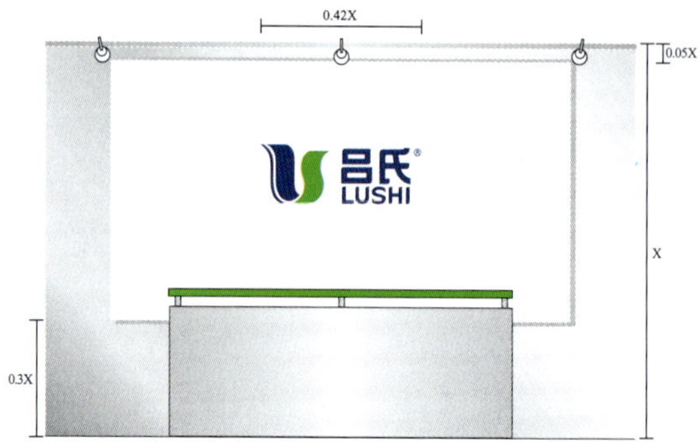

规格：依实际情况而定

材质：依实际情况而定

色彩：标准色

字体：企业名（中英文）/标准字

直式招牌、横式招牌、方形招牌

Signs (Perpendicular)、Signs (Horizon)、Signs (Rectangular)

规格：依实际情况而定

材质：白色灯箱布，覆灯箱贴，不锈钢镶边

色彩：标准色

字体：企业名（中英文）标准字

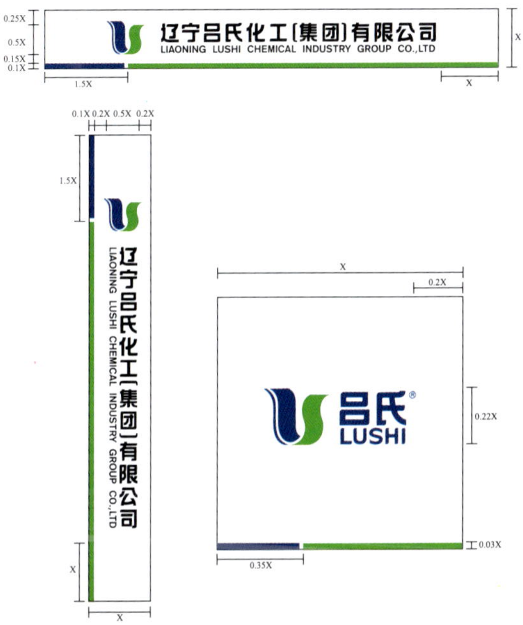

玻璃门

Glass Door

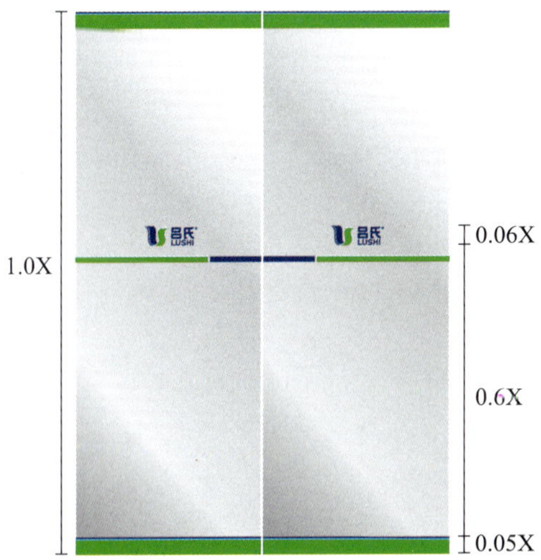

规格：依实际情况而定

材质：及时贴

色彩：标准色

字体：企业名（中英文）标准字

纸杯

Paper Cup

规格：200CC

材质：精致纸杯纸

色彩：标准色

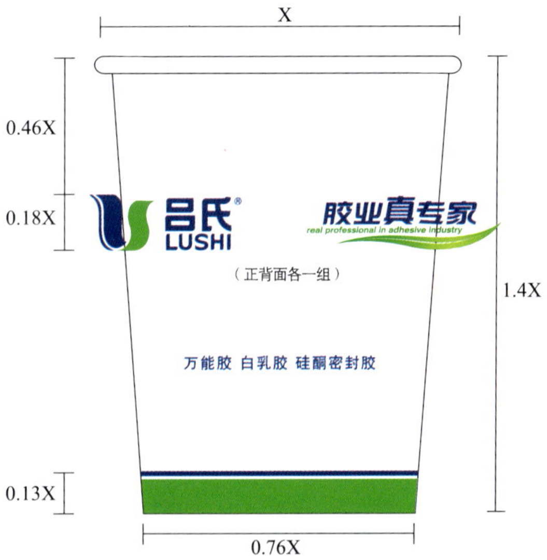

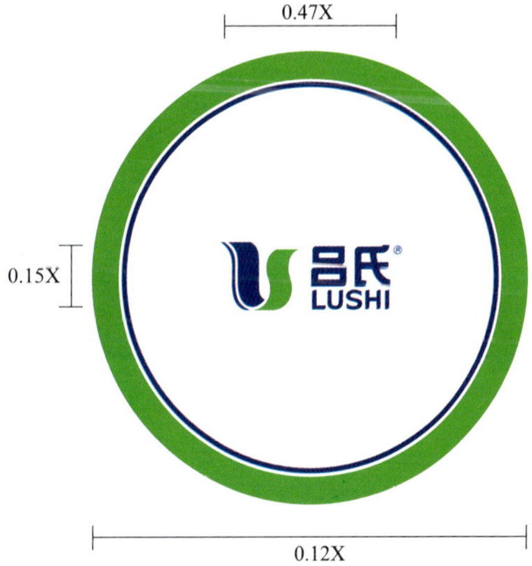

企业烟具、礼盒

Smoking Set、Gift

规格：依实际情况而定

材质：烟缸（瓷质）打火机

色彩：标准色

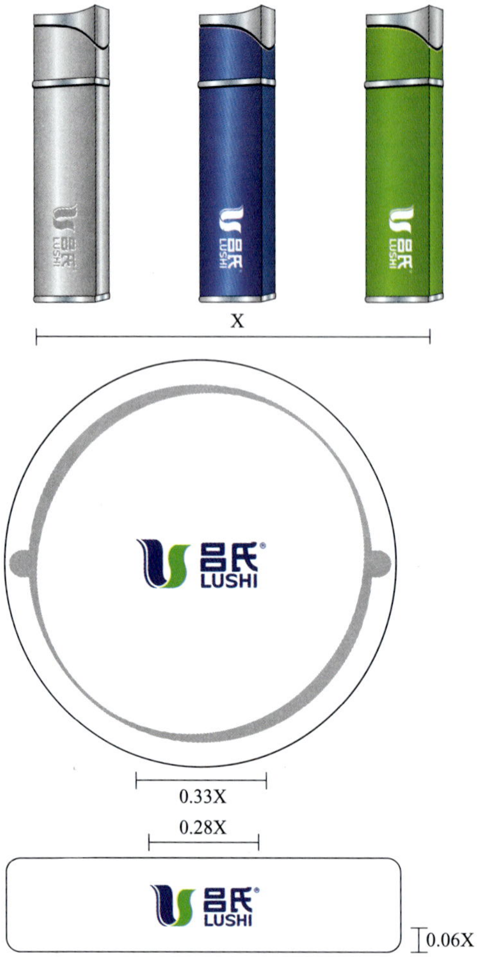

规格：依实际情况而定

材质：230g单面卡纸/覆亚光膜

色彩：标准色

字体：企业名（中英文）/标准字　其他/方正细黑-简体

塑料袋

Plastics Bag

规格：依实际情况而定

材质：依实际情况而定

色彩：标准色/标志反白

字体：企业名（中英文）/标准字

手提袋

Bag

包装纸

Wrapping Paper

规格：依照一般市售品规格

材质：依照一般市售品材质

色彩：标准色/反白/象征图案

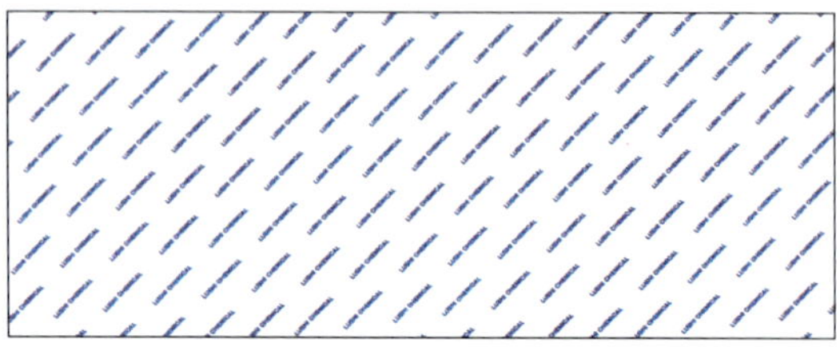

胶带

Adhesive Tape

规格：依照一般市售品规格

材质：依照一般市售品材质

色彩：标准色/标志反白

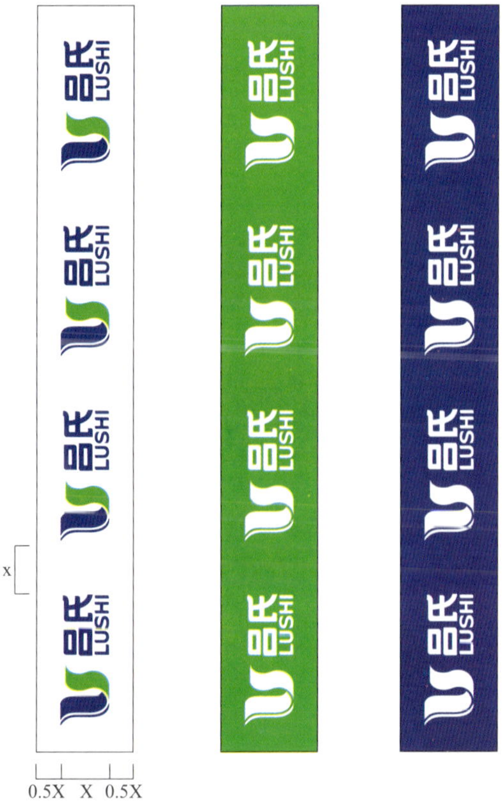

公司旗（一）

Flag（Ⅰ）

规格：依实际情况而定

材质：白色尼龙绸/丝网印刷或热转印

色彩：标准色/标志反白

公司旗（二）

Flag（Ⅱ）

规格：依实际情况而定

材质：白色尼龙绸/丝网印刷或热转印

色彩：标准色/标志反白

旋风旗（一）

Flag（Ⅰ）

规格：依实际情况而定

材质：白色尼龙绸/丝网印刷或热转印

色彩：标准色/标志反白

字体：企业名（中英文）/标准字

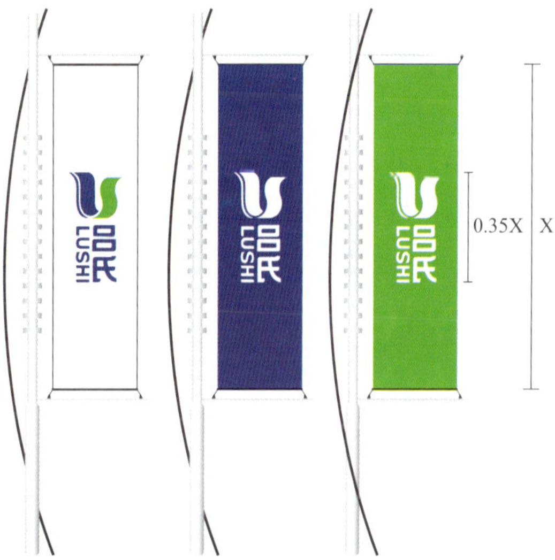

旋风旗（二）

Flag（Ⅱ）

规格：依实际情况而定

材质：白色尼龙绸/丝网印刷或热转印

色彩：标准色/标志反白

字体：企业名（中英文）/标准字

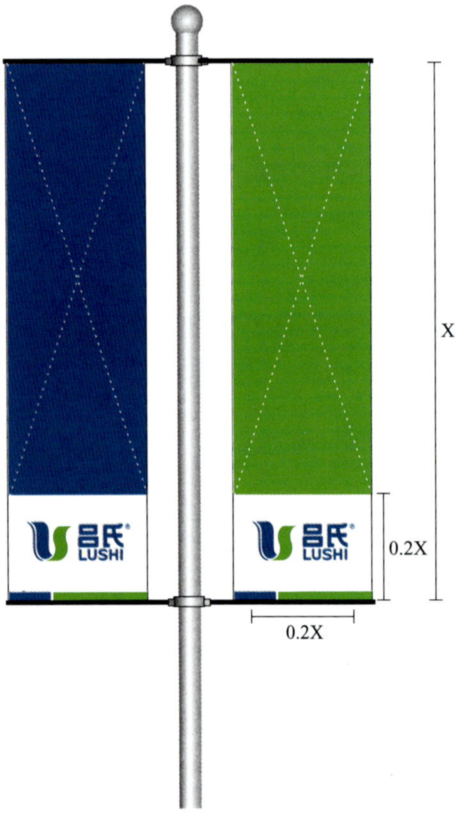

挂旗

Hanging Flag

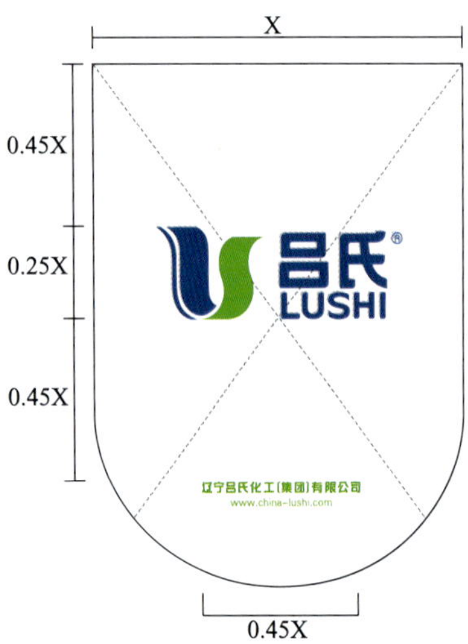

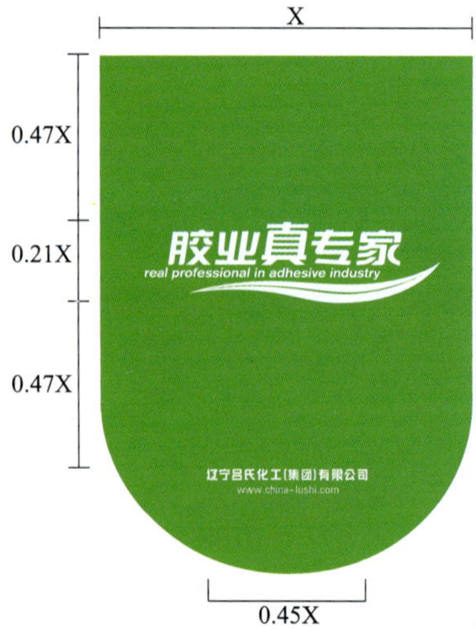

规格：依实际情况而定

材质：白色尼龙绸/丝网印刷或热转印

色彩：标准色

字体：企业名（中英文）/标准字

桌旗

Flag

规格：依实际情况而定

材质：白色尼龙绸/丝网印刷或热转印

色彩：标准色/标志反白

字体：企业名（中英文）/标准字

货车

Truck

规格：依实际情况而定

材质：烤漆/喷漆

色彩：标准色

字体：企业名（中英文）/标准字

工作证、徽章

Identification、Badge

规格：工作证100mm×60mm　胸牌18mm×35mm　徽章18mm×18mm

材质：工作证/依据实际情况而定　胸牌，徽章/不锈钢烤漆

色彩：标准色

字体：企业名（中英文）/标准字　其他/中黑

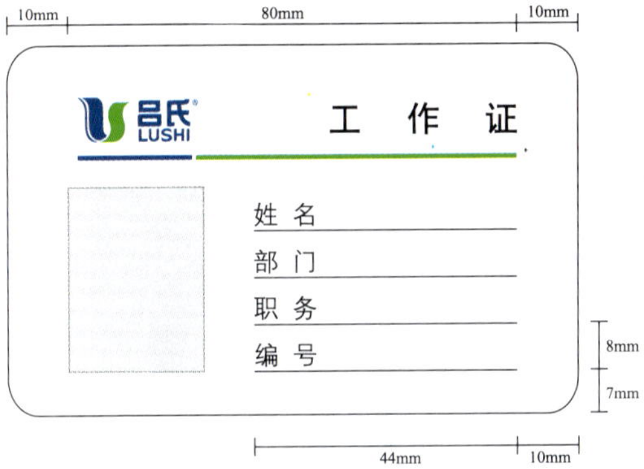

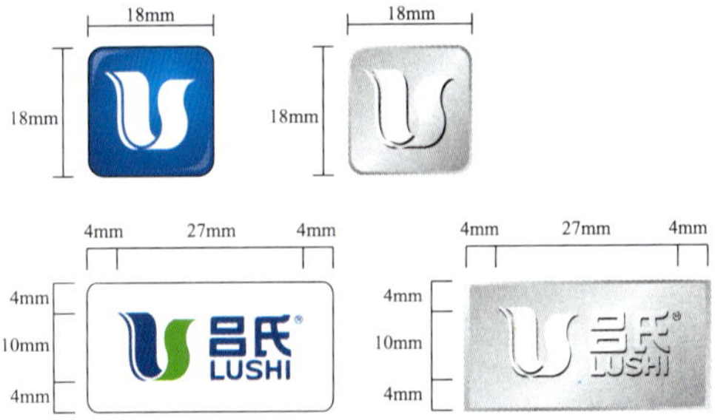

员工胸卡

Card

规格：85mm×55mm

材质：塑料或其他适用材质

色彩：标准色

字体：企业名（中英文）/标准字　其他/中黑

领带、领带夹

Tie、Tie clasp

规格：普通市售品规格

材质：领带/普通市售品材质　领带夹/普通市售品材质

色彩：标准色

报纸广告规范（一）

Newspaper Advertisement（Ⅰ）

规格：110mm×160mm

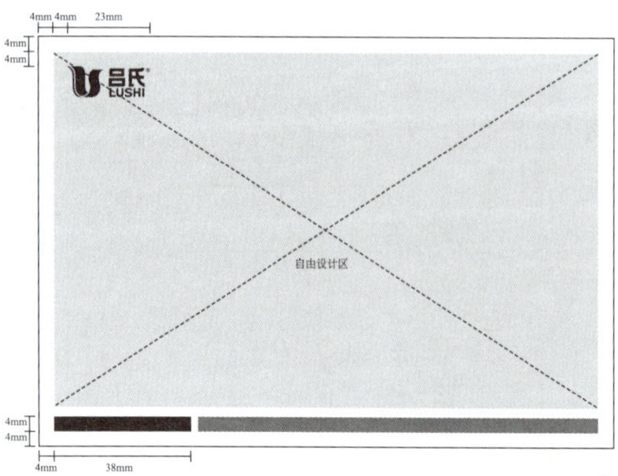

材质：报纸

色彩：黑/白

字体：企业名（中/英文）/标准字　地址、电话、邮编/中黑

其他：本规范适用于浅色黑白稿

报纸广告规范（二）

Newspaper Advertisement（Ⅱ）

规格：依实际情况而定

材质：报纸

色彩：黑/白

字体：企业名（中/英文）/标准字　地址、电话、邮编/中黑

其他：本规范适用于深色黑白稿

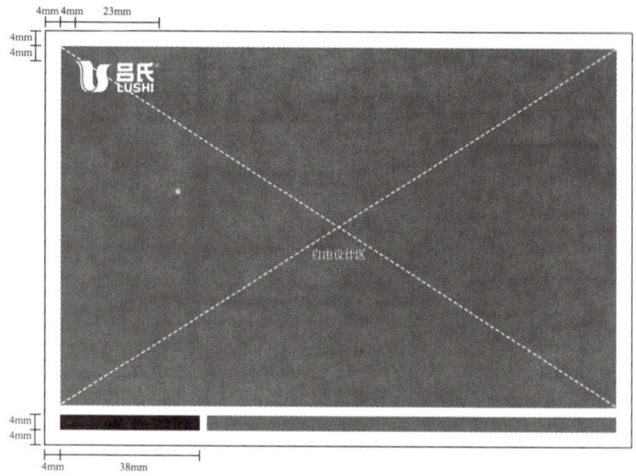

报纸广告规范（三）

Newspaper Advertisement（Ⅲ）

规格：依实际情况而定

材质：报纸

色彩：黑/白

字体：企业名（中/英文）/标准字　地址、电话、邮编/中黑

其他：本规范适用于浅色彩稿

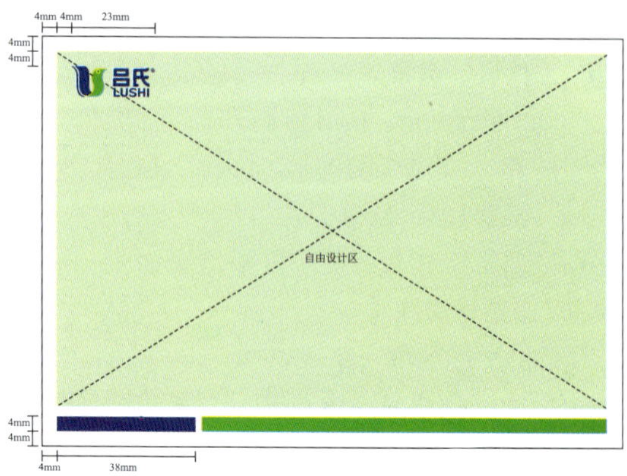

报纸广告规范（四）

Newspaper Advertisement（Ⅳ）

规格：依实际情况而定

材质：报纸

色彩：黑/白

字体：企业名（中/英文）/标准字　地址、电话、邮编/中黑

其他：本规范适用于深色彩稿

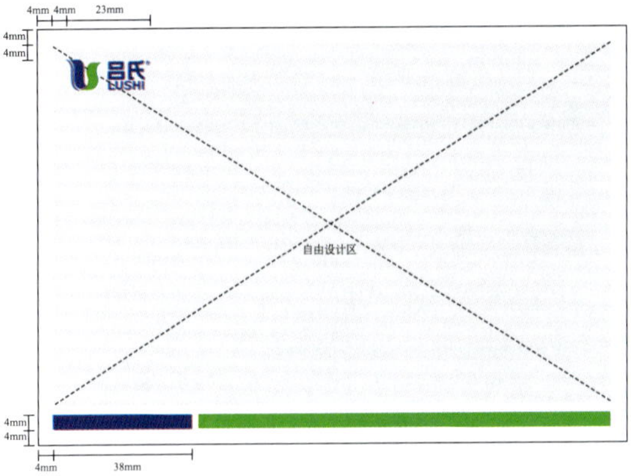

杂志广告规范（一）

Magazine Advertisement（Ⅰ）

规格：210mm×285mm

材质：铜版纸

色彩：标准色

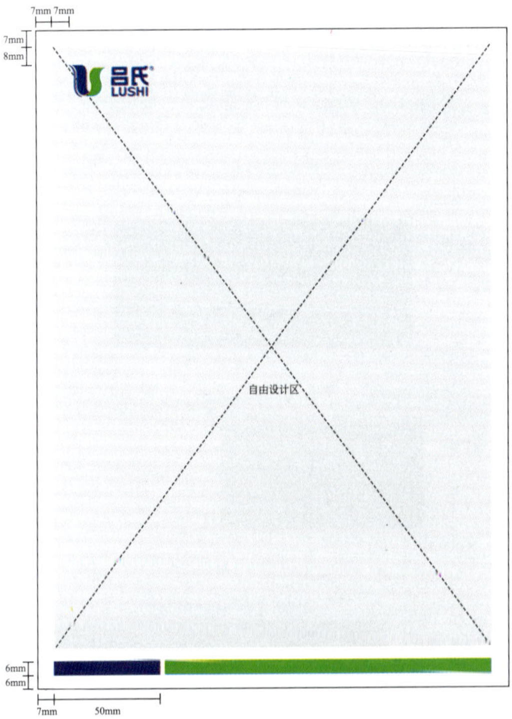

字体：企业名（中/英文）/标准字　地址、电话、邮编/中黑

其他：本规范适用于深色彩稿

杂志广告规范（二）

Magazine Advertisement（Ⅱ）

规格：210mm×285mm

材质：铜版纸

色彩：标准色

字体：企业名（中/英文）/标准字　地址、电话、邮编/中黑

其他：本规范适用于浅色彩稿

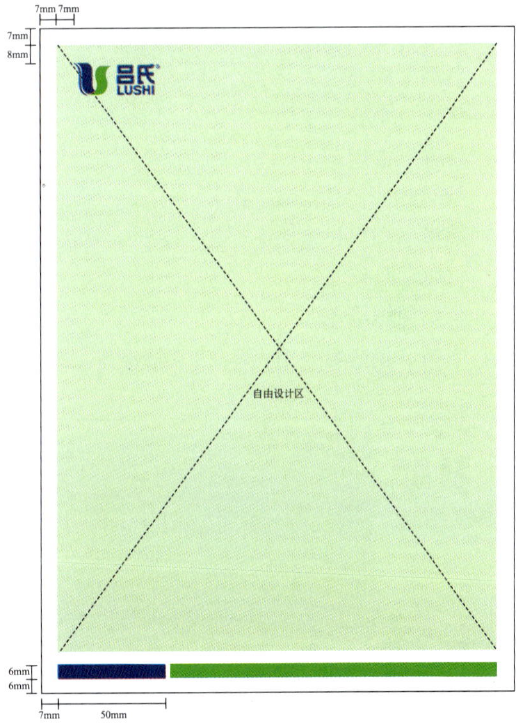

路牌广告规范（一）

Advertising Board（Ⅰ）

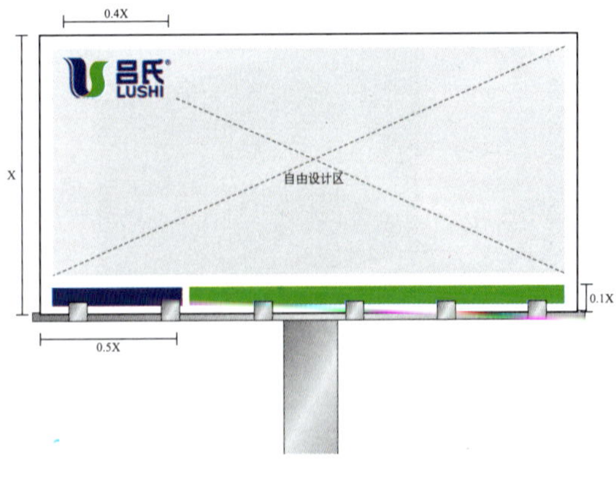

规格：画面长宽比1 ∶ 2

材质：喷绘布

色彩：标准色

字体：企业名（中/英文）/标准字

路牌广告规范（二）

Advertising Board（Ⅱ）

规格：画面长宽比1 ∶ 2

材质：喷绘布

色彩：标准色

字体：企业名（中/英文）/标准字

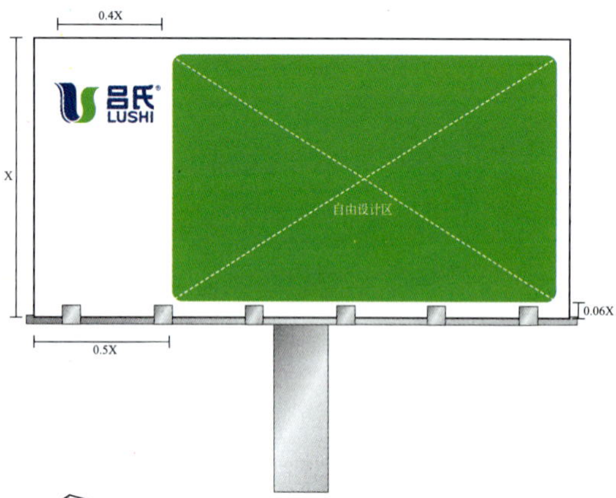

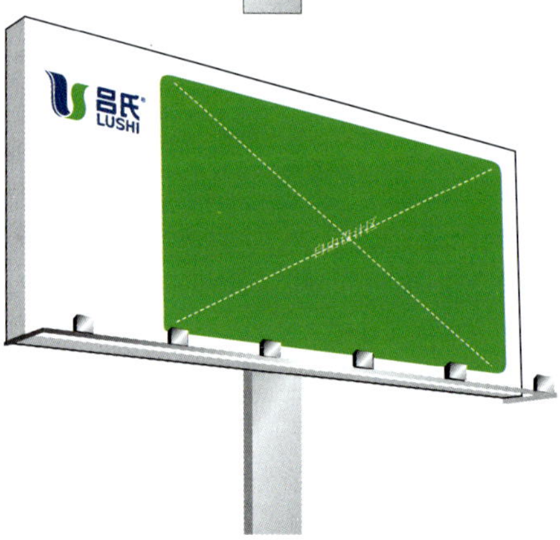

路牌广告规范（三）

Advertising Board（Ⅲ）

规格：画面长宽比1 ∶ 2以上

材质：喷绘布

色彩：标准色

字体：企业名（中/英文）/标准字

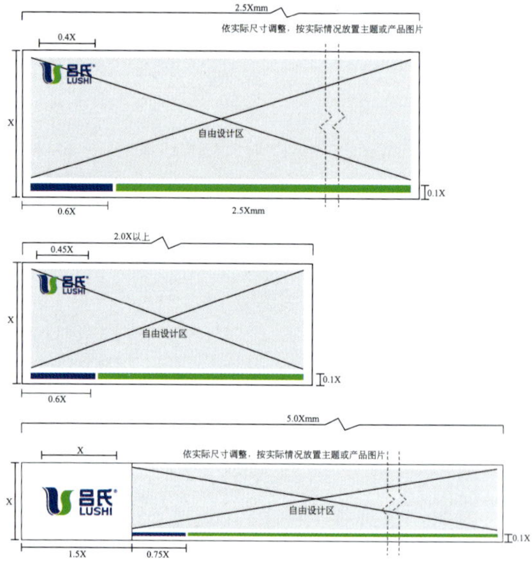

路牌广告规范（四）

Advertising Board（Ⅳ）

规格：画面长宽比1 ∶ 2以上

材质：喷绘布

色彩：标准色

字体：企业名（中/英文）/标准字

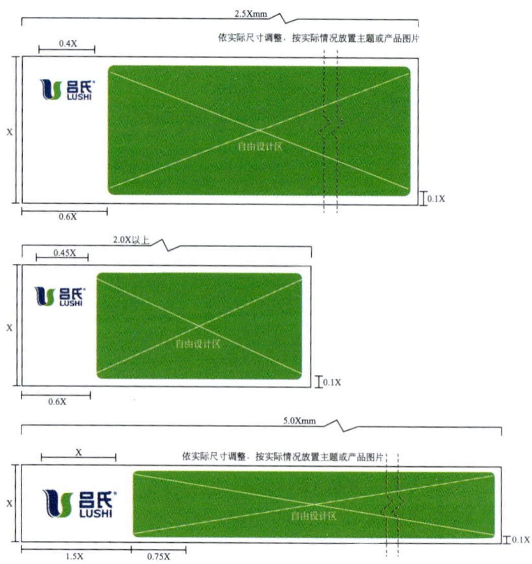

专卖店招商规范

Retailer Shop Signage

规格：画面长宽比1 ： 2以上

材质：依实际情况而定

色彩：标准色

字体：企业名（中/英文）/标准字

专卖店背景墙规范

Setting Wall of Exclusive Agency

规格：依实际尺寸

材质：依实际情况

色彩：标准色

字体：企业名（中/英文）/标准字

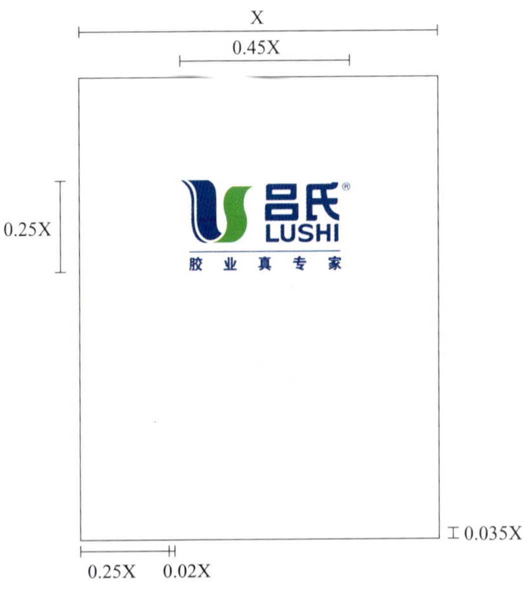

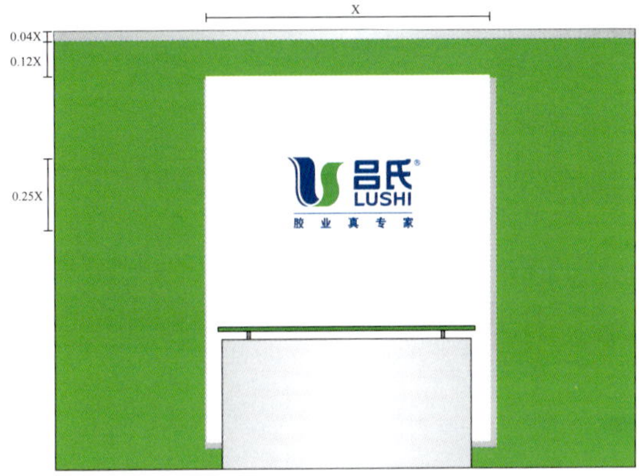

笔记本

Notebook

规格：成品尺寸180mm×265mm

材质：依实际情况

色彩：标志、文字/印银

字体：企业名（中/英文）/标准字

依照实际尺寸

钢笔、水性笔、钥匙扣

Key Chain、Pen

规格：普通市售品规格

材质：笔/普通市售材质 钥匙扣/不锈钢腐蚀、烤漆

色彩：标准色

字体：企业名（中英文）/标准字

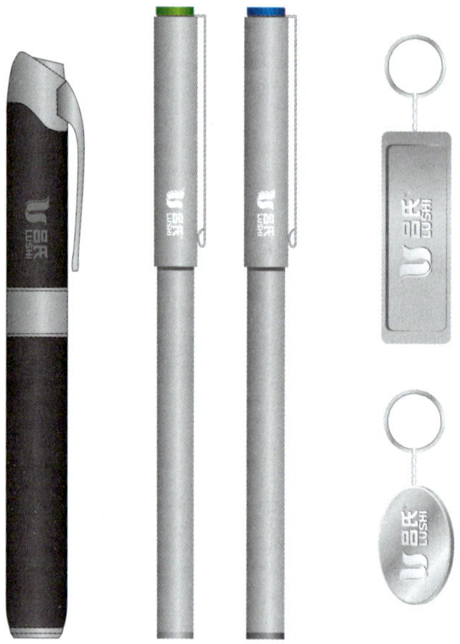

自动铅笔、橡皮

Automatic Pencil、Earser

规格：普通市售品规格

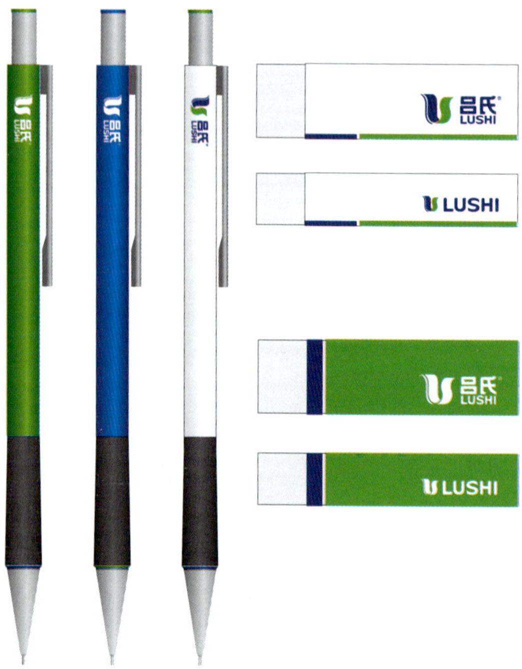

材质：笔/普通市售材质 钥匙扣/不锈钢腐蚀、烤漆

色彩：标准色

字体：企业名（中英文）/标准字

光盘

CD

规格：普通市售品规格

材质：普通市售品材质

色彩：标准色/辅助色

字体：企业名（中）/标准字

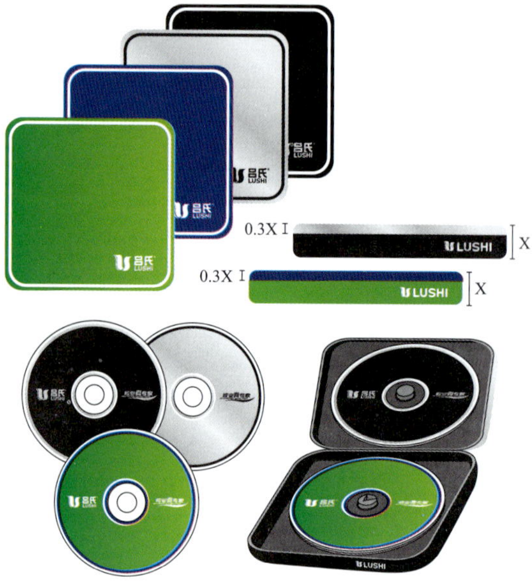

T恤衫、文化衫

Shirt、T-shirt

规格：依照一般市售品规格

材质：依照一般市售品材质

色彩：标准色

工作服

Uniform

规格：依照一般市售品规格

材质：依照一般市售品材质

色彩：标准色/浅灰色

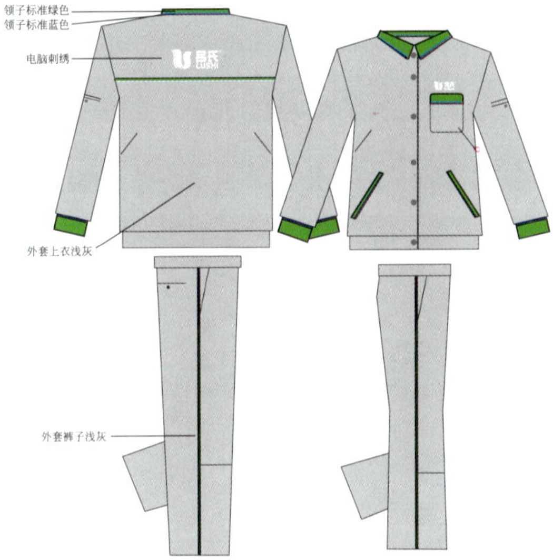

手表

Watch

规格：依照一般市售品规格

材质：依照一般市售品材质

色彩：黑色/材质色

名片夹、皮夹

Business Card Billfold、Wallet

规格：依照一般市售品规格

材质：依照一般市售品材质

标志/打凹

色彩：黑色

帽子

Hat

规格：S、M、L、XL、XXL

色彩：标志标准色彩，帽子色彩为白色或标准绿色

材质：根据具体情况及投入成本不同可选择面料，但颜色不可改变

晴雨伞

Umbrella

规格：依照一般市售品规格

材质：依照一般市售品材质

色彩：标准色

附件目录　REPRODUCTION MATERIALS

标准色样本（一）

Reproduction Materials (Corporate Colors)（Ⅰ）

为适应印刷制版的需要，特编排各式样本以供实际应用时剪下使用

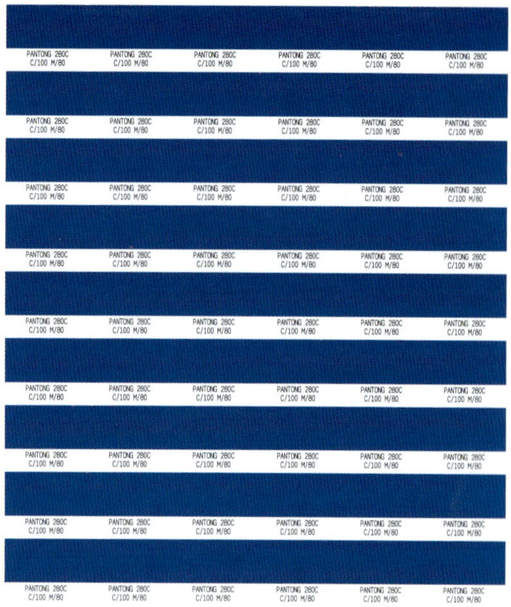

标准色样本（二）

Reproduction Materials (Corporate Colors)（Ⅱ）

为适应印刷制版的需要，特编排各式样本以供实际应用时剪下使用

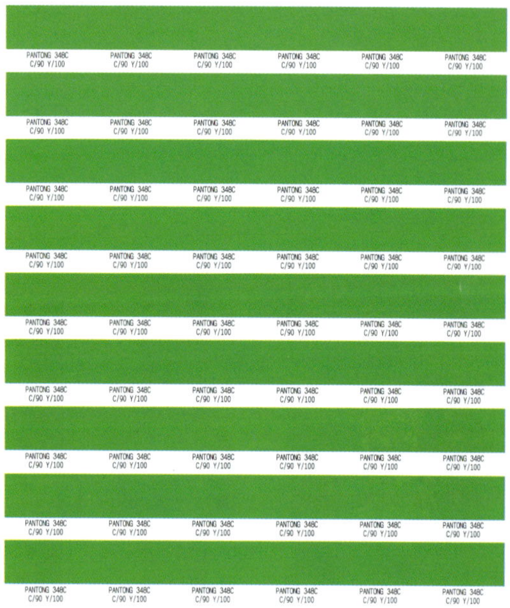

辅助色样本（一）

Reproduction Materials (Corporate Colors)（Ⅰ）

为适应印刷制版的需要，特编排各式样本以供实际应用时剪下使用

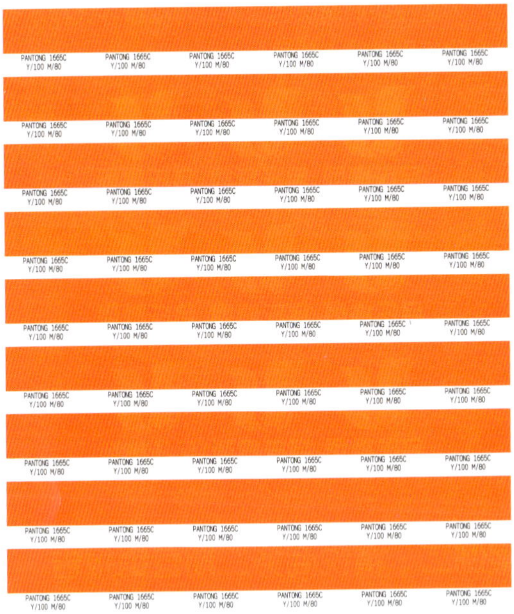

辅助色样本（二）

Reproduction Materials (Corporate Colors) (Ⅱ)

为适应印刷制版的需要，特编排各式样本以供实际应用时剪下使用

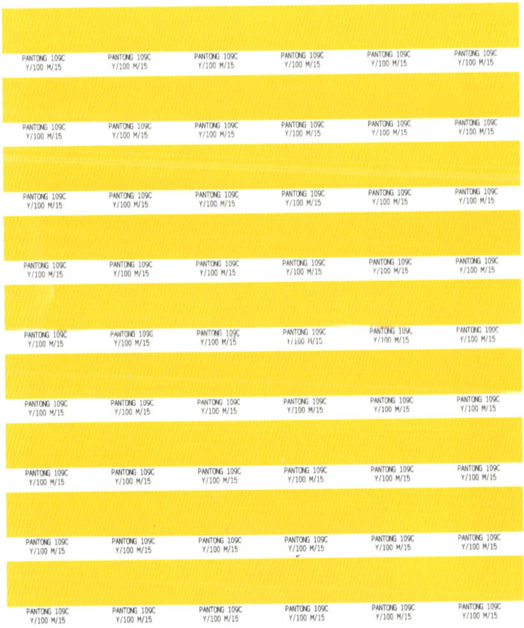

辅助色样本（三）

Reproduction Materials (Corporate Colors) (Ⅲ)

为适应印刷制版的需要，特编排各式样本以供实际应用时剪下使用

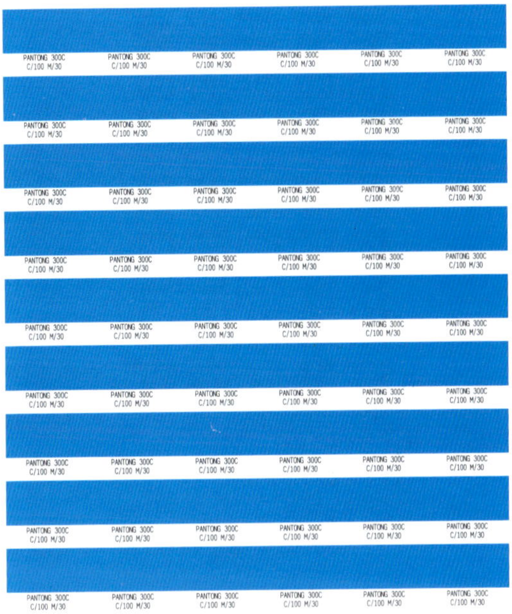

基本组合样本（一）

Reproduction Materials (Signature Configurations) (Ⅰ)

为适应印刷制版的需要，特编排各式样本以供实际应用时剪下使用

吕氏 LUSHI 吕氏 LUSHI
吕氏 LUSHI 吕氏 LUSHI
吕氏 LUSHI 吕氏 LUSHI
吕氏 LUSHI 吕氏 LUSHI
吕氏 LUSHI 吕氏 LUSHI

基本组合样本（二）

Reproduction Materials (Signature Configurations) (Ⅱ)

为适应印刷制版的需要，特编排各式样本以供实际应用时剪下使用

基本组合样本（三）

Reproduction Materials (Signature Configurations) (Ⅲ)

为适应印刷制版的需要，特编排各式样本以供实际应用时剪下使用

基本组合样本（四）

Reproduction Materials (Signature Configurations) (Ⅳ)

为适应印刷制版的需要，特编排各式样本以供实际应用时剪下使用

案例二：精锐商务二期营销报告

报告内容

一、宏观市场研究

二、项目分析

三、项目定位

四、销售策略

五、推广建议

一、宏观市场研究

1. 全国市场形势分析（略）

2. 沈阳宏观经济环境（略）

3. 沈阳房地产市场表现（略）

小结：整体发展势头良好，市场健康稳步增长，居民具备较强的购买力，刚性需求旺盛。房地产投资不断增加。

结论：

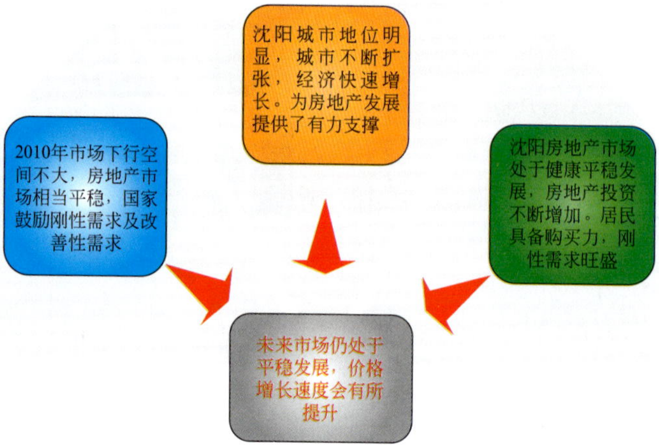

二、项目分析

1. 项目认知（略）

结论：

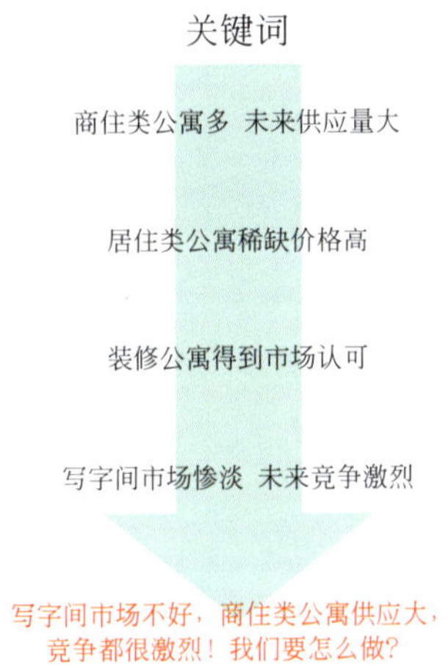

三、项目定位

1. 客户访谈

（1）样本来源

我们访谈的样本是怎样的一群人？

访问区域来源

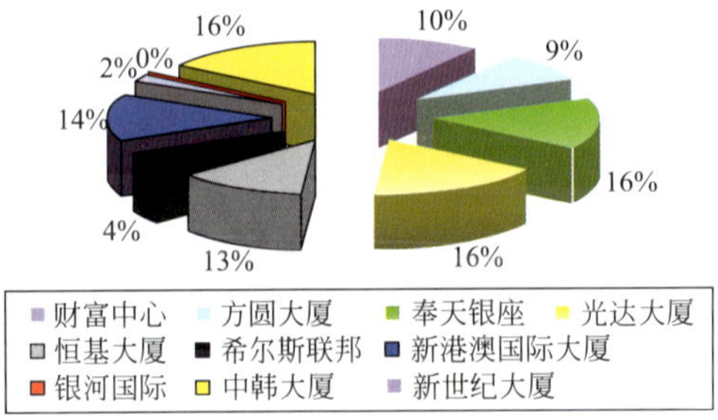

居住区域

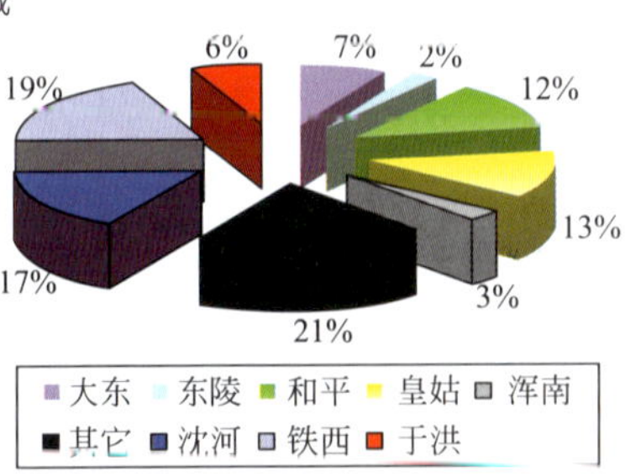

目前我们选取了北站周边10个主要的办公楼作为样本的主要采集场所，一共收集有效问卷150份，样本居住区域遍及沈阳各区，分布比较均匀。

（2）个人情况

年龄结构

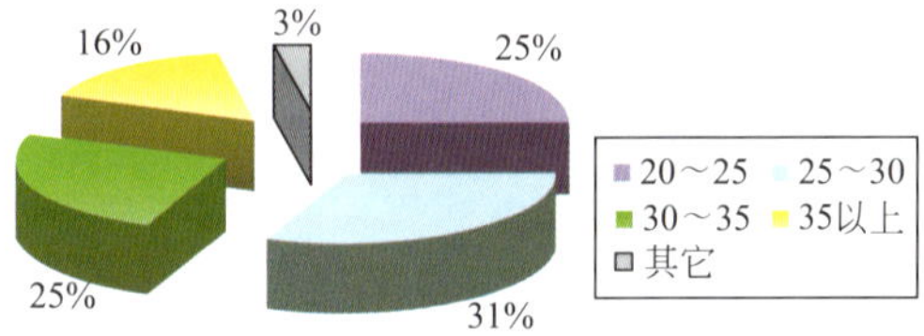

收入结构

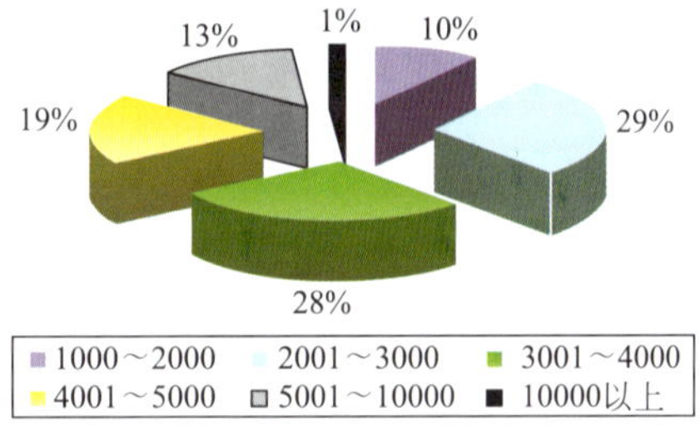

年龄基本都已20～35岁的青年人为主，其中25～35岁的适龄购房人群比例较高，达72%，个人收入在3000以上的中高收入人群在60%左右，潜在购房群庞大，且购买力相对较强。

（3）居住情况

目前居住条件

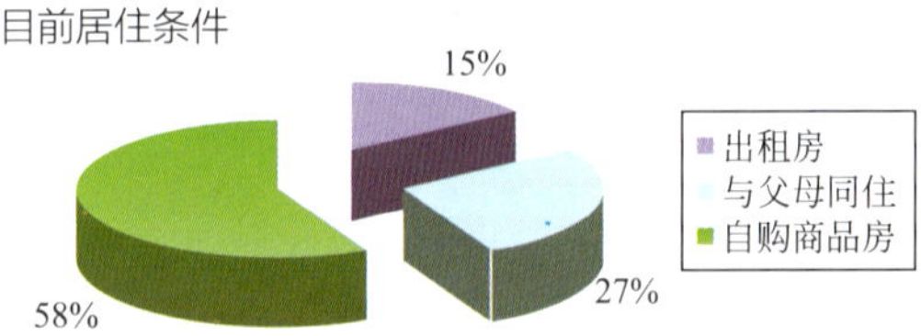

目前居住房型

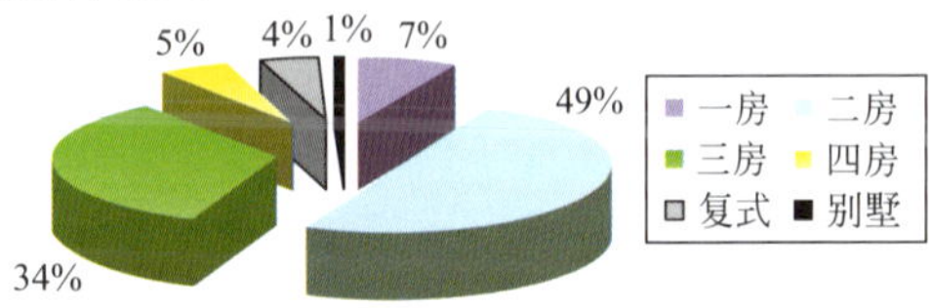

可以明确购房客户为42%，有较强的购买意图，从目前周边人群的居住习惯来看，2，3房的普通户型仍是主力。

（4）购房打算

两年以内计划购房的人群达到64%，有较强的购房需求，购买的户型仍然以2，3房为主。客户周边的置业的欲望比较强烈。对于沈阳未来的房价发展一半以上认为会上涨。

计划购房时间

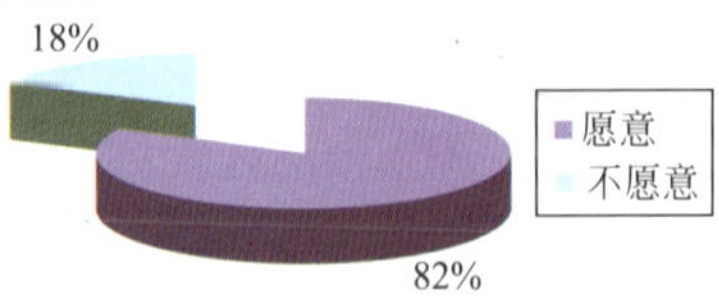

周边购房打算

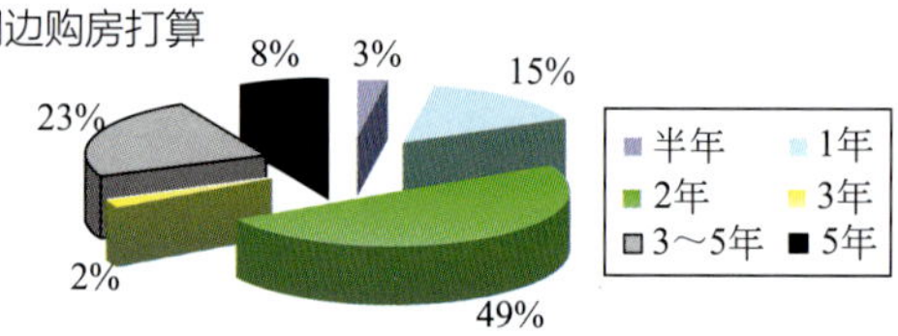

计划购买几房

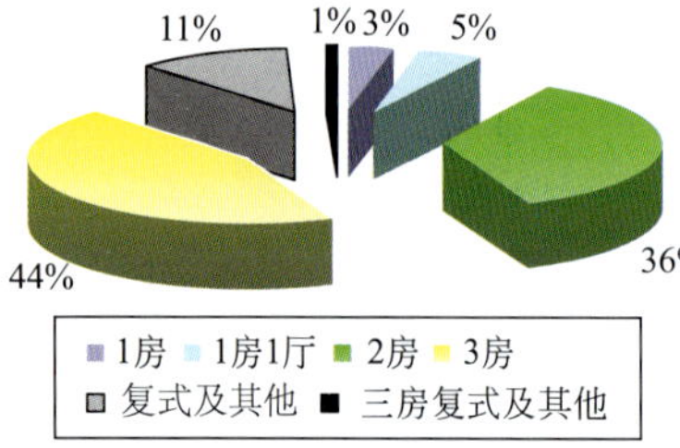

对沈房价未来发展预期

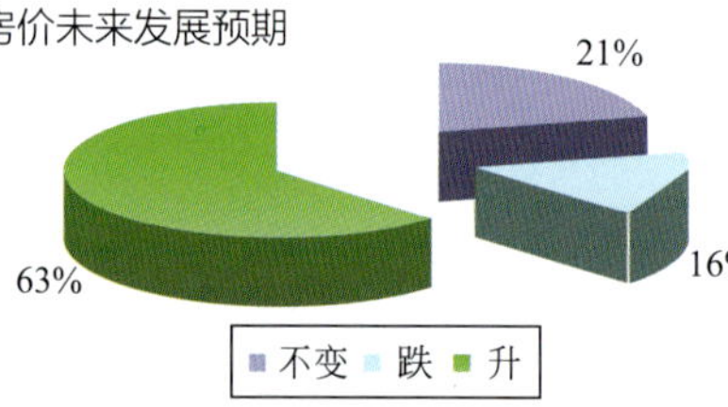

小结：受访人群以年轻人居多，收入水平达到中高水平的比例达到60%，且存在购房需求。

（5）小公寓的接受度

他们能否接受市区小户型公寓？接受什么样的价格？接受的客户是怎么样一群人？

市区小公寓目前接受度相对较低，只占30%，接受的原因主要有两个因素，一是有投资需求，二是地段便利。

市区小公寓的接受程度

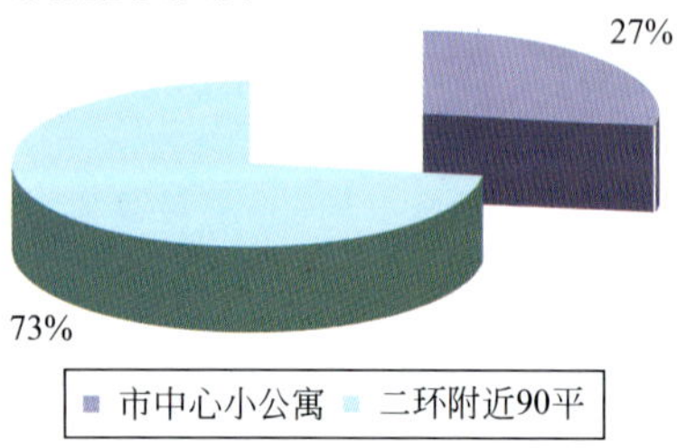

接受的理由

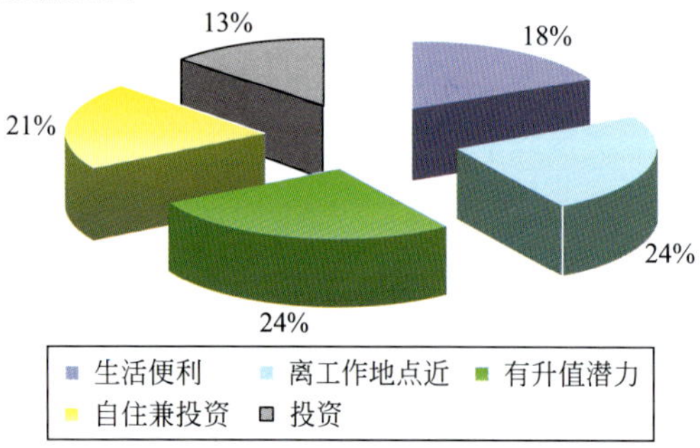

小公寓接受接受人群年龄

人群的年龄分布

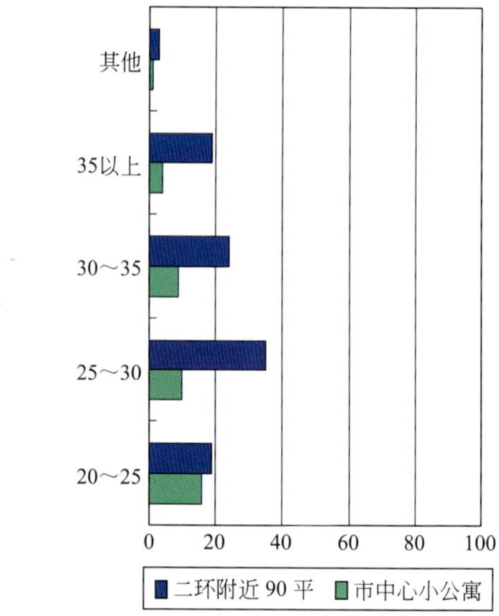

人群的年龄比值分布

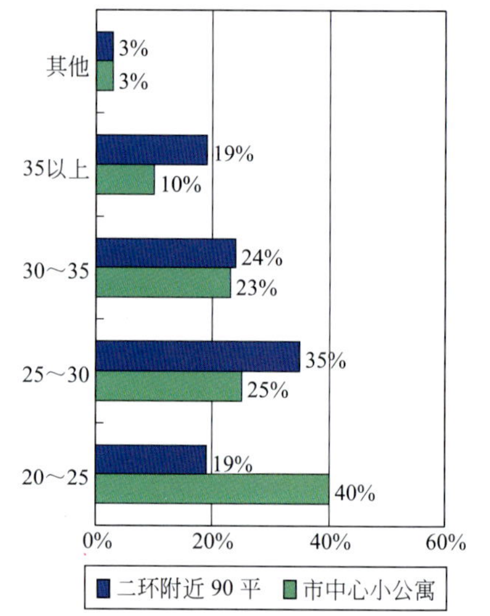

20～25岁客户最为倾向小面积公寓，其他年龄段小面积公寓和其他公寓的分布基本一致。

（6）小公寓接受人群收入

2000～3000收入的人群是目前选择市区小面积最集中的人群，其他收入段也有相当分布。

7000～9000是客户的接受的主要价格空间，达到64%，有一定的价格承受能力，考虑到客户压低单价的心理，预期万元左右的价格接受客户仍有相当比例。从接受过万单价客户的收入分布来看，基本和主体样本收入没有差别。

接受人群的收入

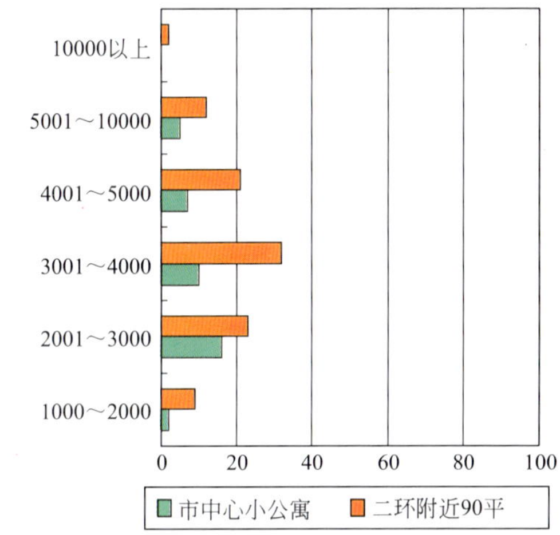

接受人群的收入比例分布

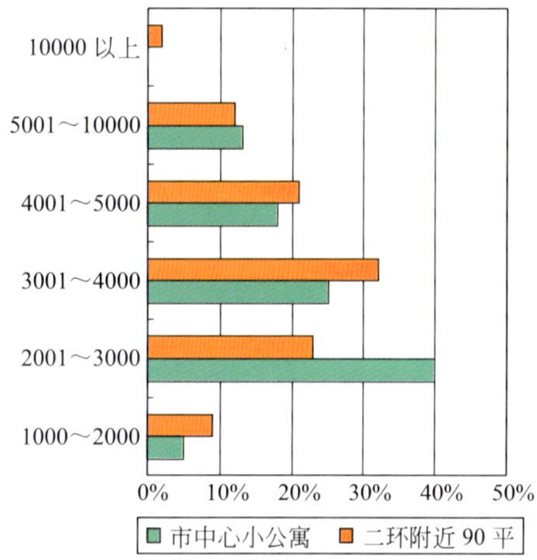

接受单价，过万接受水平

价格过万接受水平

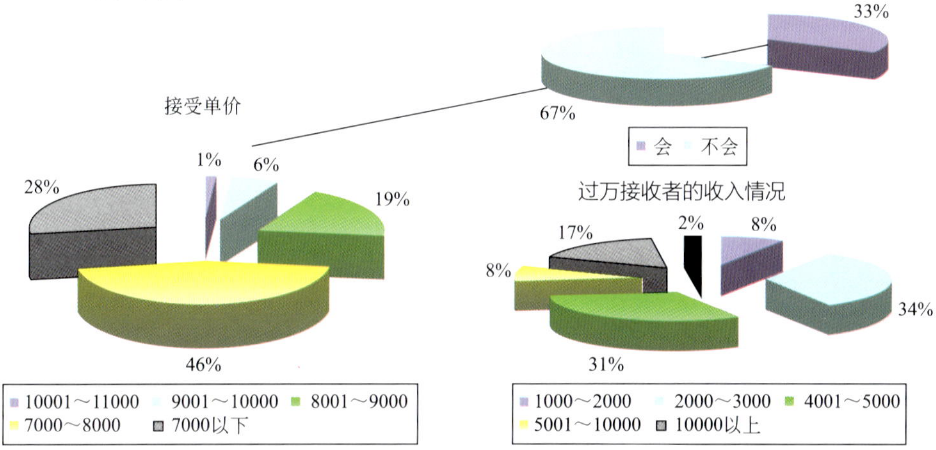

（7）购买面积分析

过万接收者的接受面积

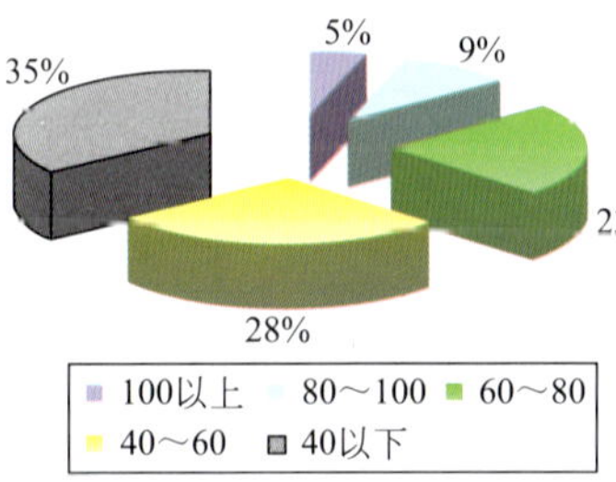

未报单价之前的接受面积

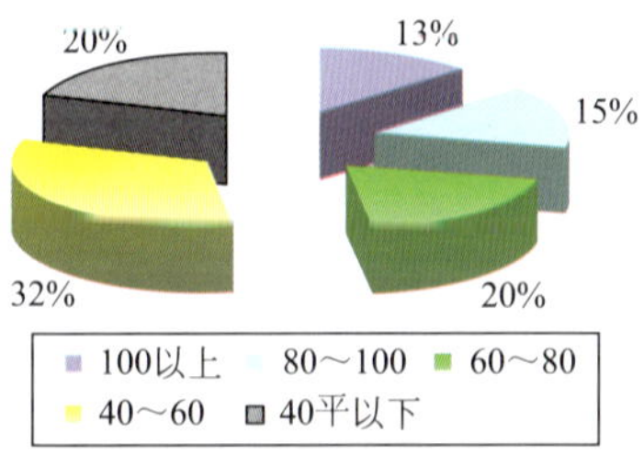

有了过万的价格预期后，要求面积明显缩小，但主要面积段仍然集中在40以下，40～60，60～80面积段。

（8）装修房接受度，装修标准

装修房接受度

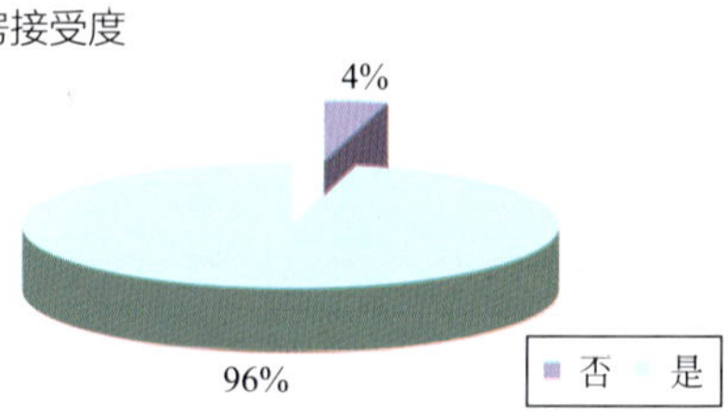

装修标准

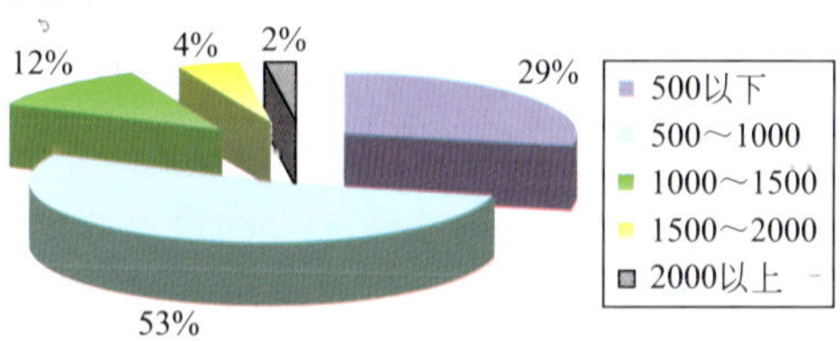

对于装修房他们是否可以接受，能接受的装修标准是多少？

对于小面积公寓，客户整体的装修意愿较高，500～1000是最为集中的装修标准。

小结：接受市中心小面积公寓的以年轻人居多，接受理由多为便利及投资，过万后可接受的面积在40平以下，多数选择装修房。

2. 产品定位

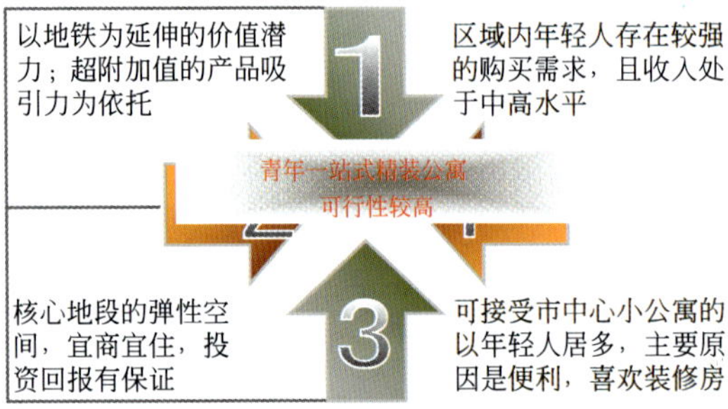

3. 客户定位

主要客户量预测：

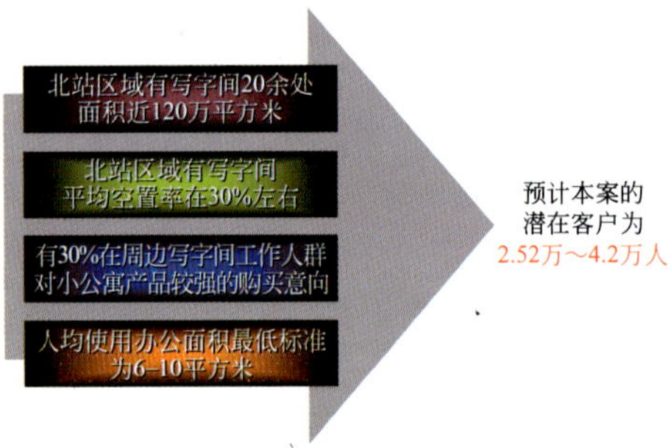

（写字间总面积×实际使用率）÷人均办公面积×意向购买率=潜在客户量

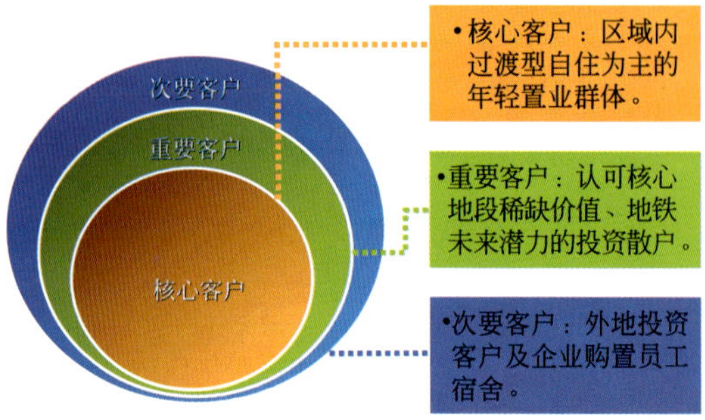

4. 形象定位

沈阳CBD中心的城市公馆

一个城市只有一个中心

核心精神：

对城市——成为一座城的荣耀

对人居——重新定义高端定义

对品牌——深化沈阳市场标志

5. 价格定位

	因素	本案	皇朝万鑫	银河国际	钻石星座	锦联经典名座	同方世纪大厦	假日国际
区位	位置	5	5	5	5	4	3	4
	出行	5	4	4	5	4	3	4
	总计	10	9	9	10	8	6	8
社区规划	总建规模	5	4	2	2	4	3	3
	容积率	3	4	3	2	4	3	3
	景观绿化	2	2	2	2	5	2	2
	车位比	5	4	3	3	3	3	3
	总结	15	14	10	9	16	11	11
社区配套	商业	5	5	4	5	4	2	4
	教育	4	5	3	5	5	2	3
	会所	0	5	0	0	3	2	3
	物业	3	3	2	2	4	3	2
	总结	12	18	9	12	16	9	12
其他	户型设计	3	4	3	5	4	3	3
	交房时间	3	5	5	5	3	2	4
	自有配套	5	4	2	2	3	3	3
	品牌实力	4	4	2	2	4	3	2
	总计	15	17	12	14	14	11	12
合计		52	58	40	45	54	37	43
价格		?	15000	8500	8250	10000	4700	6400

本案的位置、出行、项目规模等方面占有绝对优势；

而在交房时间、户型等方面存在的一些劣势；

问题：本案的合理价位是多少呢？

与银河国际相比：

银河国际除了交房时间上略优于本案外，在社区规模、产品品质、开发商品牌、项目配套等方面均不如本案。

建议：本案定价应该远高于其公寓均价8500元/平方米。

与皇朝万鑫相比：

皇朝万鑫在项目定位、交房时间、户型设计、产品力等方面均优于本案，而在位置、交通出行、配套等方向也并不低于本案。

建议：本案定价应该低于其公寓均价15000元/平方米。

按市场比较估计法估算：

均价11750元/平＋自然年增幅4%＝2011年均价12220元/平方米

本案公寓一期入市均价应在11750元/平方米，2011年均价12220元/平方米。

四、销售策略

1. 整体策略
2. 推案计划
3. 推案节奏
4. 全案销售计划明细
5. 销售支持

1. 整体策略

由内到外，内外联动

对老业主进行答谢，老业主重购9.5折，老业主推荐新客户成交赠送3年物业管理费，最大限度的内部解决产品；外部推广客户召集同步进行。

纵向分割消化，实现利润最大化

由于产品层级差别较大，不利于全面消化，将产品进行组合连体销售，加大价格差，提升销售速度。

销控销售，层层递进

为了确保库存产品的均衡去化和保持销售节奏，采用分区域进行销控销售，以加强对销售过程的引导。

2. 推案计划

（1）销售进度

阶段名称	时　间	目　　的
客户积累期和开盘强销期	10.5～10.12	完成面积约4万平米，实现销售金额约4.7亿元。
持续销售期	11.1～11.12	完成面积约10.6万平米，实现销售金额约13亿元。
扫尾期	12.1～12.4	完成面积约2.78万平米，实现销售金额3.3亿元。

（2）进度说明

销售周期

根据本案总建面积约17.4万平米，销售以一年半内售罄为目标。

销售阶段划分

推案划分为五个销售阶段。

第一期（2010年9～12月）

第二期（2011年1～5月）

第三期（2011年5～9月）

第四期（2011年9～12月）

第五期（2012年1～4月）。

强销期

考虑到北方居民生活习惯，按气候特征等客观因素，重点销售期为第一期（2010年9～12月）、第三期（2011年5～9月）、第四期（2011年9～12月）。第二期（2011年1～3月）以积蓄客户去化库存为辅，第五期（2012年1～4月）以去化库存为主。

3. 推案节奏

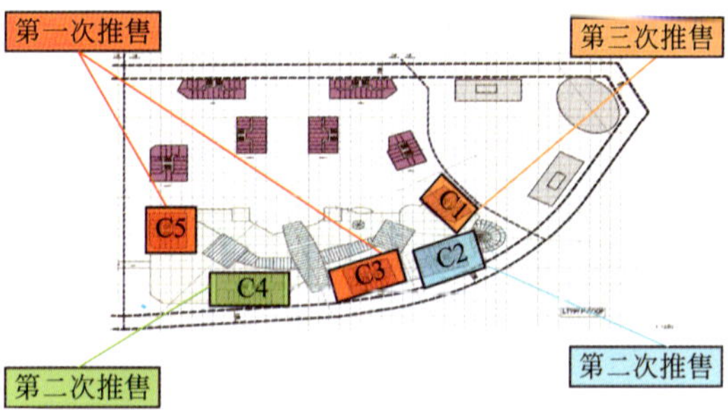

（1）第一阶段推案建议

推出：C3#、C5#

客户的心理需求

能够体会到精锐高品质、产品力强的产品

推广策略

精锐的产品形象推广，将为本案带来较高的关注度，给现场强销以推广支持。

本阶段需开发商配合

售楼处、样板示范区在8初完成，供客户参观。为配合开盘做前期基础。

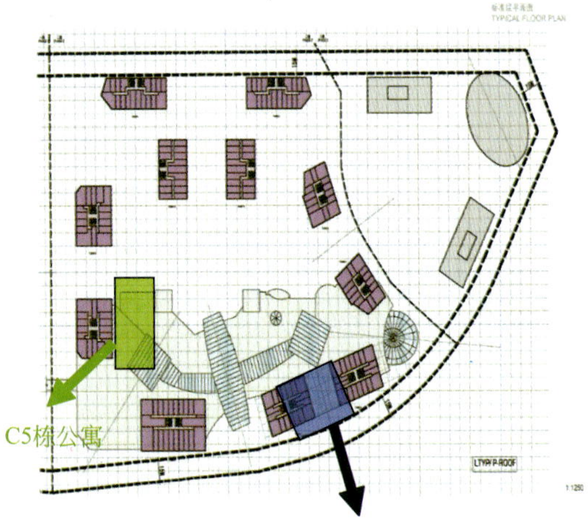

（2）第一阶段销售计划（10.9～10.12）

	C3		C5	合计
单位面积	86	48	41.89	—
可售户数（户）	100	450	644	1194
可售面积（m^2）	8600	21600	26977	57177
完成户数（户）	58	252	548	858
完成面积（m^2）	4988	12096	22930	40024
实现金额（万元）	5861	14213	26943	47017

本阶段销售重点是针对C5公寓产品、由于产品面积较小，并且是公寓类产品建议在该阶段消化85%左右。考虑到是首期推盘，故将C3商业及C5公寓类型一起开出，选择比较丰富，避免客户流失。

（3）第二阶段推案建议

去化产品：C3#、C5#库存

客户的心理需求

实现尊贵感，只有精锐才能提供的高尚产品。

推广策略

在精锐口碑形成基础上，主要以企业团购宣传、DM快递，及元旦、春节SP活动为主，以暖性的活动来弱化冬季市场低迷的环境，吸引客户关注。

本阶段需开发商配合

SP活动落定与实施，确定春节期间销售中心包装方案。

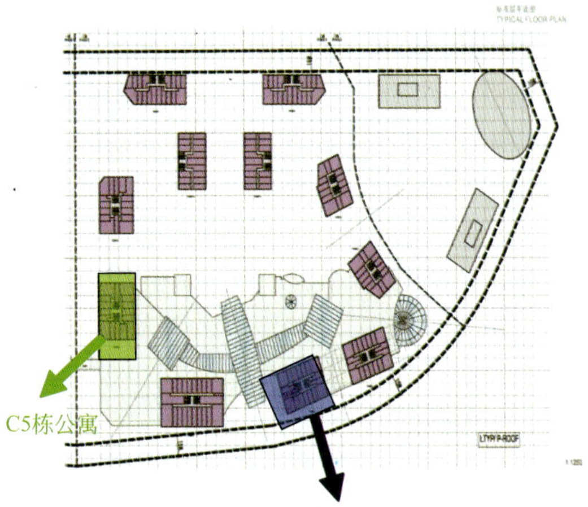

（4）第二阶段销售计划（11.1～11.4）

	C3		C5	合计
单位面积	86	48	41.89	—
可售户数（户）	42	198	96	336
可售面积（m^2）	3612	9504	4047	17163
完成户数（户）	42	198	96	336
完成面积（m^2）	3612	9504	4047	17163
实现金额（万元）	4414	11614	4945	20973

该阶段为传统销售淡季，主要以库存销售为主，同时实现新品前期客户积累。

（5）第三阶段推案建议

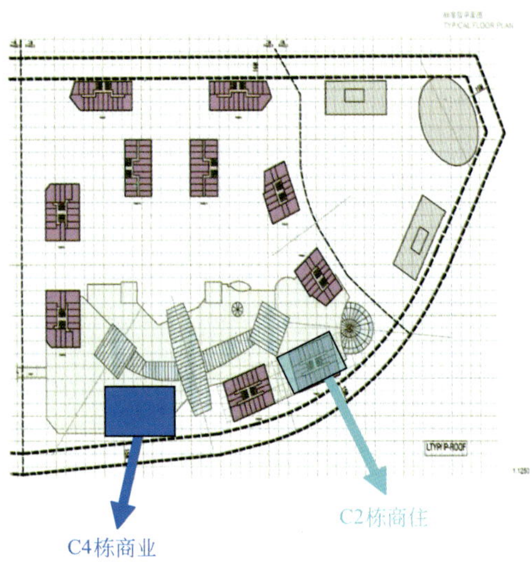

推出：C2#、C4#

客户的心理需求

在前阶段热销的基础上，认可本案在区域内的标高地位。

推广策略

年度中最好的销售季节之一，以项目作为推广重点，提升项目地理位置及综合体便捷性的价值感。

本阶段需开发商配合

配合夏季房交会，SP活动。

（6）第三阶段销售计划（11.5～11.9）

	C2		C4		合计
单位面积	86	48	88	55	—
可售户数（户）	100	450	100	852	1502
可售面积（m^2）	8600	21600	8800	49416	88416
完成户数（户）	66	294	42	358	760
完成面积（m^2）	5676	14088	3696	20755	44215
实现金额（万元）	6936	17216	4517	25363	54032

本阶段推出C2、C4两栋，主要考虑到该阶段处于市场成交量快速上升的阶段，故采用加大推案量，来提高市场占有量。该阶段销售重点主要是C2产品，考虑到经过几个月的客户蓄水，建议此次开盘消化（75%左右）。对于C4产品做适当的销控，建议该阶段去化42%。

（7）第四阶段推案建议

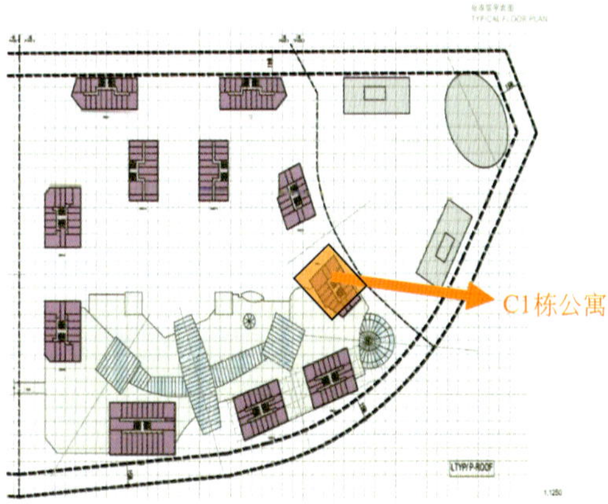

推出：C1#

去化产品：C2#、C4#库存

客户的心理需求

本案最后一期公寓产品上市，机会不容错过。

推广策略

对积累和已购客户的状况制定出项目完整形象感，推广主线之下的SP活动，来现场促进客户购买意向，以及给老带新制造机会

本阶段需开发商配合

项目综合体形象全面提升。

项目品质全景呈现、物业形象深化

（8）第四阶段销售计划（11.9～11.12）

	C1		库存	合计
单位面积	45	66	—	—
可售户数（户）	450	125	742	1317
可售面积（m^2）	20250	8250	44201	72701
完成户数（户）	360	100	371	831
完成面积（m^2）	16200	6600	22100	44900
实现金额（万元）	19797	8065	27006	54868

本阶段销售重点是针对公寓产品，考虑到对于本案公寓产品量比较少，并且是此类产品最后一次开盘，客户需求较多，建议进行消化（80%左右）。对于库存产品由于之前的销控，合适楼层在此阶段开出，所以建议去化50%。

（9）第五阶段销售计划（12.1～12.4）

	第五阶段（12.1～12.4）
可售户数	486
可售面积	27801
完成户数	486
完成面积	27801
实现金额（万元）	32666

该阶段的销售目的很明确，就是快速清盘，推广策略及活动安排均以此为前提，建议以优惠价格实现清盘。

4. 全案销售计划明细

	第一阶段	第二阶段	第三阶段	第四阶段	第五阶段	合计
新推户数	1194	—	1502	575	—	3271
新推面积	57177	—	88416	28500	—	174093
完成户数	858	336	760	831	486	3271
完成面积	40024	17153	44215	44900	27801	174093
实现金额（万元）	47017	20973	54032	54868	32666	209556

备注说明：以本案2010年均价11750元/平以及2011年12220元/平计，实现一年半内售罄为目标，全案总销约20.9亿。

5. 销售支持

接待中心修改前提：本案接待中心尺度较大，不利于聚集现场人气，因此在销售道具及相关销售动线的设计上是尤为重要的。我们将从此方向入手考虑，对本案售楼处布局及装修给出修改建议。

（1）布局建议

问题：接待台离客户的洽谈区较远，不利于现场整体把控及聚集人气。

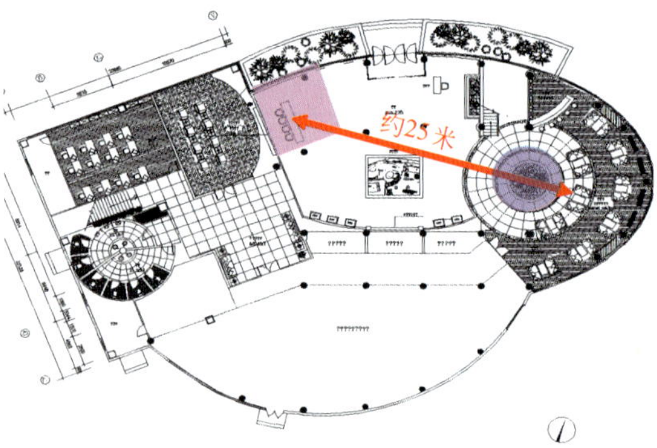

解决方案：

① 取消洽谈区中心处的休息区；

② 将接待区调整至洽谈区中心；

③ 改成圆弧形较有特色柜台。

圆弧形柜台有利于把控销售全场情况，独特的造型突显项目高品质形象。

问题：将原接待台移走后原位置不能充分利用，原区位模型位置摆放不合理，销售动线不流畅。

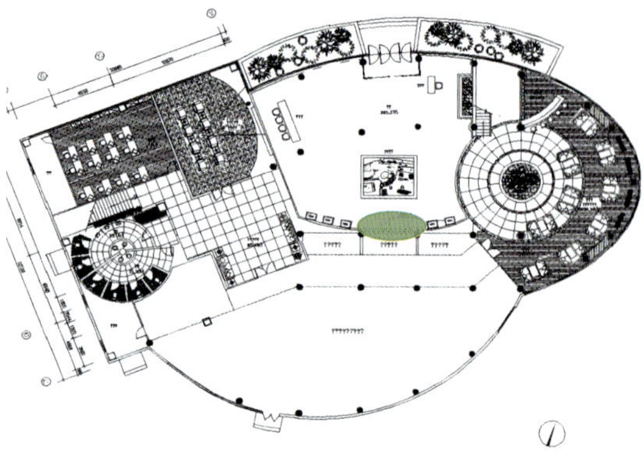

解决方案：

① 取消原区域沙盘；

② 在原接待区位置改成下沉嵌入式区域沙盘。

区位沙盘位置的改变，有利于合理安排销售动线，利用下沉嵌入式形式更突出项目品味。

问题：原项目LOGO墙不够醒目，区域沙盘变更后原位置很空旷。

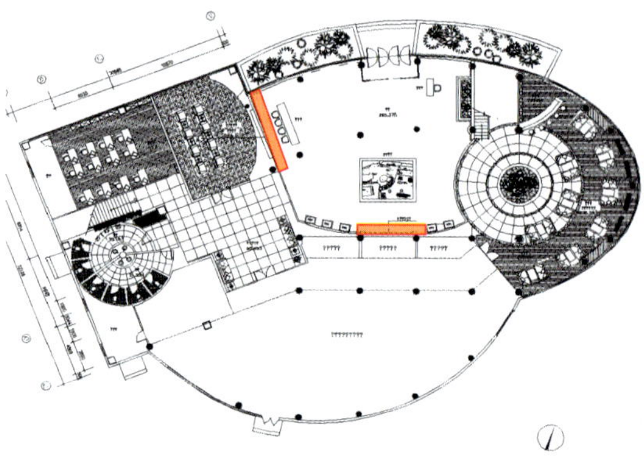

解决方案：

① 取消原项目背景墙；

② 将项目背景墙调整至原区域沙盘处。

项目背景墙的位置由原来位置改到售楼处正门对面，客户进入后会有很直接的冲击力，彰显项目大气风范。

问题：引导区一人座位在有多个客户看房时可能会造成空位或引领不及时。

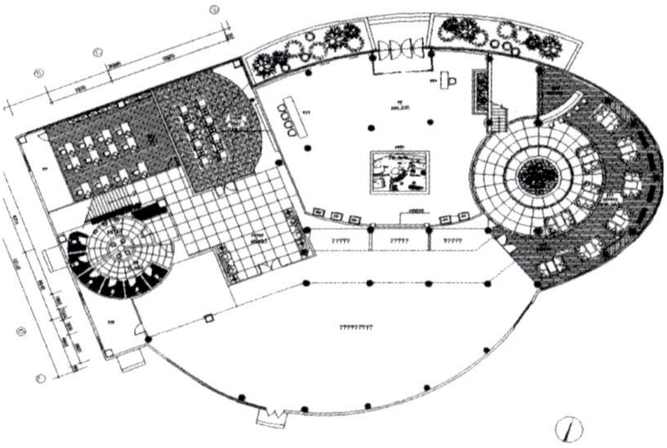

解决方案：

将一人位置改成两人位置。

引导区的位置增加可避免有空位出现，并且可以给客户带来尊贵感。

（2）销售动线演示

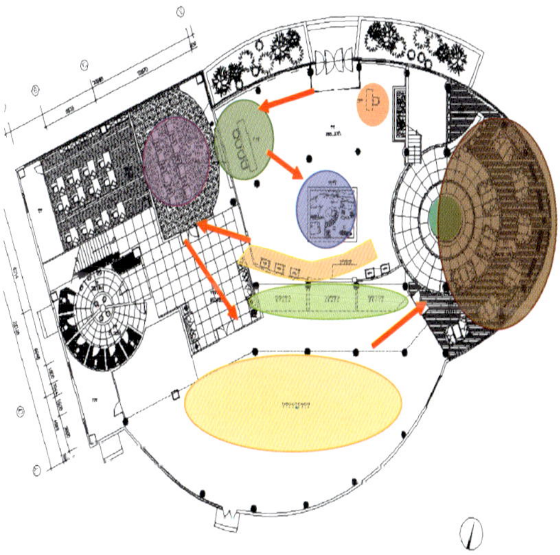

① 进入售楼处后由引导区的销售代表将客户带到区域沙盘进行区域讲解；

② 通过对区域沙盘的介绍后再将客户引领至项目沙盘进行详细讲解；

③ 针对客户感兴趣的产品将客户引导至相应的户型沙盘进行讲解；

④ 随后引领客户进入视听中心，体验立体的项目介绍，呈现一个较为真实的感知；

⑤ 通过对项目整体的介绍后再将客户引导至样板区，进行样板间及建材区的细节介绍；

⑥ 经过整个项目的详细介绍最后将客户引领至洽谈区，进行最后的成交洽谈，接待台的其他销售员配合完成SP。

（3）装修建议

问题：售楼处面积大，以白色的冷色系为主会显得售楼处十分冷清，没有人气。

解决方案：

① 少用白色调改用米黄色调；

② 减少金属质感的大厅柱装修，使用软装修饰；

③ 大厅灯光应采用暖色调更聚人气；

④ 洽谈区将原地板装饰改为地毯有吸音效果。

售楼处的色调改变，使售楼处更具亲切感，更增添人气。

（4）道具档次提升建议

问题：洽谈区LED显示屏，实用性较差。

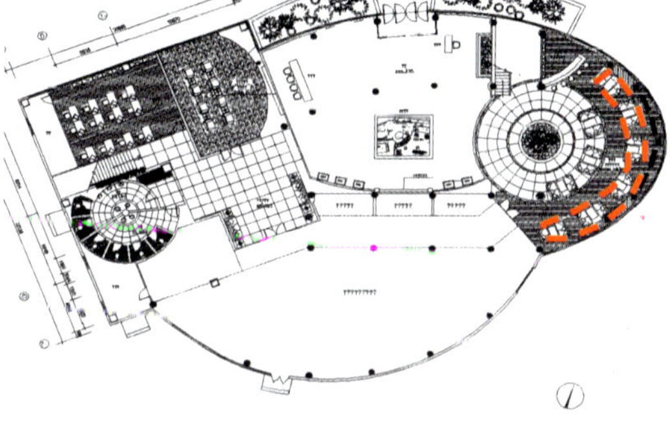

解决方案：

① 取消原LED屏改为触摸屏；

② 每个销售桌均配备触摸屏。

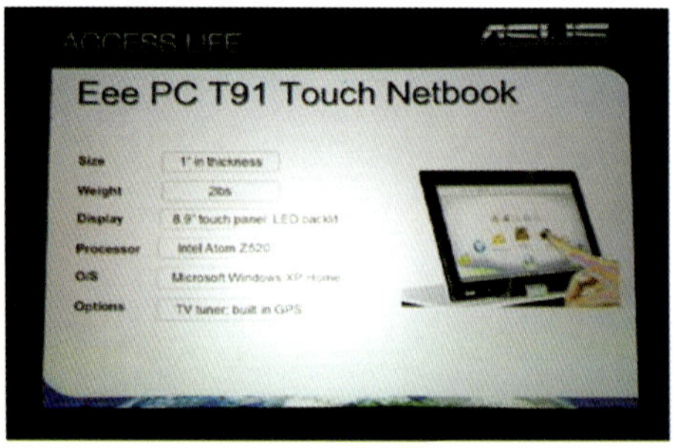

触摸屏可使项目提高档次，并且较LED显示屏实用，客户可以在座位上了解项目信息，方便销售员引导客户。

（5）样板间

由于产品面积小，所以要突出功能性及实用性的，就像万科的“U5”，样板间设计中有很多功能的体现，而非单单设计样板间。样板间的设计要能达到第一时间吸引客户的效果。

（6）工程形象

楼体出地面前，加强工地大门、围挡的包装，鲜明的展示新形象，引起关注。

保证良好的工程形象，体现项目品质

五、推广建议

1. 卖点提炼
2. 案名建议
3. 营销推广

1. 卖点提炼

（1）核心价值分析

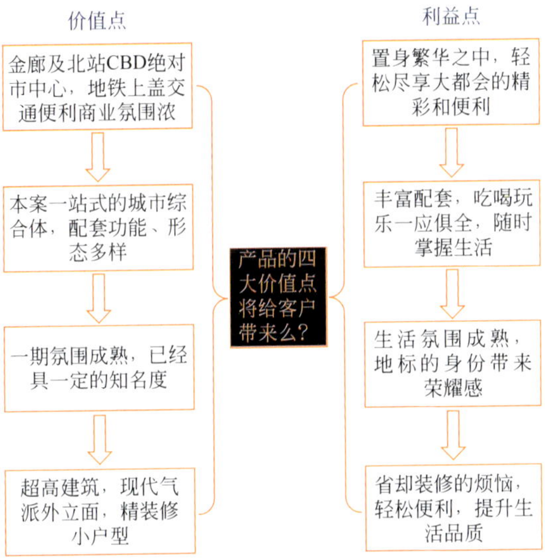

（2）核心价值归纳

（3）价值理念延伸

繁华城中心——

这里是一座城市永远的核心

这里因为稀缺，所以象征绝对的地位

这里代表着一个城市的精神、文化和生活

这里象征着繁华、主流、时尚和活力

这就是城中心！城市的中心，时尚的中心，潮流的中心，生活的中心，世界的中心！

一站式配套——

娱乐、休闲、购物……生活的百态缤纷一起汇集

一场华丽的奇幻之旅，光影交错，动感十足

生活就是游乐场，处处都有惊喜和乐趣

所有的梦想在这里得到满足，回家就是享乐的开始

这就是精彩的世界，光芒炫丽的世界！丰富多元的世界！多姿多彩世界！动感十足的世界！

精装小户型——

品质生活的魔力空间，享受城堡的华丽

尊贵享受的自在天地，做城市的自由人

轻松自如的独立王国，开始人生新旅程

美丽新世界，一切从家开始

这就是精装的家！精彩的生活，精致的人生，精英的城市，金色的未来！

（4）核心形象概念

都会乐游，万象荟萃

——国际精英的空中生活秀场

自由自在，随心游戏城市

精彩纷呈，世界为我所动

不追随潮流，我就是潮流

时尚宣言，爱上奔腾的都会芯

2. 案名建议

·具有国际感，都会感、现代感和精英感

·体现繁华之上，综合体一站式精彩荟萃的内涵

·具有时尚、活力、领先潮流的高尚格调

·方正、气派，体现宏大规划的背景

（1）案名方向一

延续精锐的品牌效应——

主推案名：

【精锐都汇】

精锐，延续了精锐的品牌效应；都汇，体现大都会的繁华、时尚、光芒璀璨的感觉，同时都汇谐音都会，体现本案位于都会中心，荟萃百态

精彩。

延续精锐的品牌效应——

辅推案名：

【精锐天成】

天成的魅力，天成的繁华。超高性的建筑，以一种向上的精神，不断向天空攀登，代表一种高高在上的地位和与生俱来的优越感。

【精锐盛世】

盛世，盛宴，盛景，一切尽在掌握，俯看城市，世界的华丽就在脚下。

【精锐国际】

体现国际化的生活标准，精英化的都会享受，与世界接轨，与世界互联。

【紫金精锐】

紫色，紫气东来，最高贵的颜色，代表皇家气质。金，华丽，尊崇，金光四射，魅力十足。

（2）案名方向二

跳脱原有的全新创意角度——

主推案名：

【摩登领秀】

摩登，体现繁华、时尚、璀璨、缤纷的感觉，更代表国际精英的心态，他们爱时尚，爱摩登，爱做城市的主人；

领秀，超越一般，成就领袖，在城市之上，拥有最好的资源，享受最好的生活，自有非凡的身份。

辅推案名：

【博世汇】

丰富的生活，缤纷的色彩，全部环绕身边，世界荟萃于此，精彩交融于此。

【逸彩星程】

星光璀璨的世界里，人人都是大明星，享受极致的欢乐，聚焦世界的光芒。

【新巢】

新生活开始，拥有自己的安乐窝，做最潮流的一代，永远引领时尚的风潮。

【简·爱】

爱上城市，爱上生活，爱上自己，这里让生活更简单，这里让人生更精彩。

3. 营销推广

快速销售，精准营销；形成口碑，积累客群。

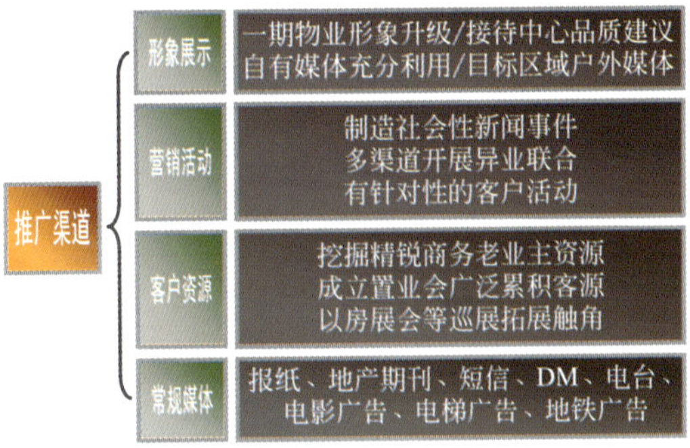

（1）形象展示

① 一期物业形象升级。

写字间大堂

重要的是现场空间的感觉和实际使用的感受以及暖色调灯光的运用，要体现高档，为后期项目加分。

公寓大堂

在满足主题要求的前提下营造富丽、华贵的氛围；色调厚重大方，陈设要精致；同时功能区及接待台的设计很重要。

② 物业服务

提高目前一期已入住产品的物业服务形象，增强已购业主满意度，扩大本案口碑及展示美誉度。

③ 接待中心品质建议

工作人员服饰

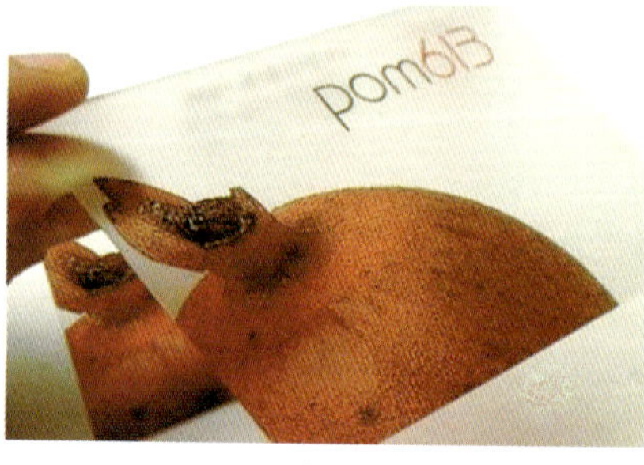

名片

茶具

VIP卡

注意细节的展示，提升在客户心理的形象。另建议在精锐商务一层设立接待处，在接待中心开放前累计客户。后期提供巡展地点，同时防止客户流失。

④ 自有媒体充分利用

精锐商务自有媒体，如室内广告位，楼体广告牌等，借助精锐商务的人气进行形象展示、口碑宣传。

⑤ 目标区域户外媒体

以本案为中线，选择青年大街、哈尔滨路沿线路旗，各繁华商圈、目标客户活动区域辅以广告牌。

（2）营销活动

制造社会性新闻事件/多渠道开展异业联合/有针对性的客户活动

以季度划分，每阶段举行参与广泛、互动性强、持续时间长、利于后续报道的特色活动，制造新闻事件，引起全市广泛关注。

春：风筝比赛

夏：沈阳CBD仲夏夜

秋：快闪行动

冬：网络卡丁车比赛

制造社会性新闻事件 / 多渠道开展异业联合 / 有针对性的客户活动

采用跨行业营销的方式，如电影院、健身机构、娱乐场所、4S店等，在其固定场所摆置本案资料及礼品发放。后期联合举行各类客户活动，共享客户资源。

制造社会性新闻事件 / 多渠道开展异业联合 / 有针对性的客户活动

利用精锐商务一层共享大厅、接待中心举行各类客户活动，如针对女性客户的化妆服饰讲座、针对年轻客群的联谊会等。室外如球类比赛、自驾游等。

（3）客户资源

① 挖掘精锐商务老业主资源

梳理精锐商务客户资源，以短信、DM、活动等方式建立感情联系，使其再度置业或介绍新客户，达到口碑宣传的目的。

② 成立置业会广泛累积客源

成立置业会，发放VIP卡，大量吸纳置业会成员 。会员不但享受购房优惠，还可享受联名商家的消费优惠；定期举行会员活动，如自驾游、CS大战、漂流等，鼓励老带新的方式扩大客户基数。

③ 以房展会等巡展拓展触角

利用房展会等外展，延伸传播触点，拓展客户渠道。

（4）常规媒体

媒体	执行战术
报纸	以《辽沈晚报》整版为主，《华商晨报》半版为辅，每月2版的发布频率，重要营销节点可追加发布版面。
地产期刊	《沈城楼市》、《买房情报》定期发布，保持形象及信息释放的持续性。
短信	促销活动及重要营销节点等时机发布；同时定期维护老业主关系，发送问候短信。
网络	通过焦点网、搜房网介绍项目近况、SP活动报道、论坛炒作等。
DM	针对直销，锁定目标区域和客群定向诉求。
电台	整点报时贯穿形象导入期；蓄客期、开盘期以30秒广告作为重点。
电影广告	电影前的1分钟影视短片，受众群体素质较好。
电梯广告	覆盖五区主要写字间，扩大传播范围。
地铁广告	一号线10月运营，新鲜媒体结合项目地铁价值，借势打势。

媒体发布以脉动式发布为主，配合工程进度、销售节点、节假日促销等。及时监测媒体反馈情况，长效和短效并重。

（5）营销费用预算

总销金额	费用比例	阶段划分	各阶段分配	各阶段费用额预算	营销费用合计
20.9亿元	2%	2010年，1期	50%	2090万元	4180万元
		2011年，2～4期	20%	836万元	
		2012年，5期	30%	1254万元	

预算说明：

项目分3期开发，按总销金额的2%作为整体营销费用的支出预算；

先期涉及接待中心装修、沙盘制作等固定投入，费用占了总体的五成；

中期以活动为主，辅以媒体发布，相对费用较少；

后期考虑滞销房源的难点去化，预留了充分营销费用。

精锐商务二期项目团队成员管理机构配置

人员架构

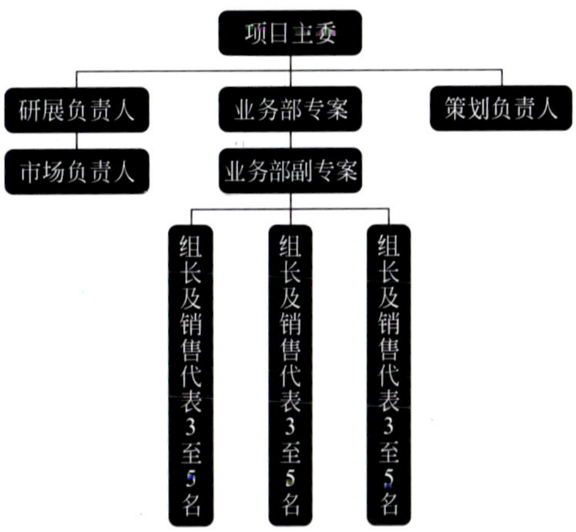

第二节　城市品牌形象全程推广案例

案例一：中国·西柳镇品牌全程推广

广告主：西柳镇人民政府

广告代理：艺者广告（沈阳）有限公司

1. 历史与未来兼具·发展与和谐共荣

西柳——中国商贸名城，是镶嵌在辽宁南部的“绿宝石”，位居沈阳、大连、鞍山、营口、丹东等城市群中心，是辽宁“五点一线”沿海经济带上领袖一方的商埠重镇。她不但是旅游购物的好地方，而且是国内外有识之士投资办厂、大展宏图的理想之地。

全镇总面积64.12平方公里，镇内常住人口4.3万人，外来暂住人口4万人，日流动人口8万～10万人。

沐浴着中国改革开放的春风，西柳人率先发展闻名全国的西柳服装市场，并以此为龙头，带动了全镇经济迅速发展。

服装市场持续稳定繁荣，实现了全面提档升级。

2002年以来，西柳服装大市场在保持平稳运行的良好态势下，品种布局和结构科学调整，业态形式不断更新，软硬环境明显改善，品牌化经营纵深推进。

2005年实施了以消防整改为主的基础设施改造工程，首次实现了区内供暖和宽带网端口入户。

2006年和2007年先后完成了国家二级标准的市场东客运站、市场综合服务办公大楼、春雷购物广场、移动通信公司西柳营业楼、前广场智能系统停车场等重点建设项目，市场周边商厦也进行了资产债务重组和商城内、外的装饰改造。在品牌战略的推动下，市场每年新增地产品牌和外埠品牌400多个。

2008年，西柳镇地区生产总值27.2亿元，镇财政收入1.53亿元，国、地两税收入1.1亿元，全镇人均收入9625元。

西柳服装大市场作为全市的龙头支柱产业，直接和间接地安置了本地及市外近30万人的就业大军，有力地促进了一方的繁荣与稳定。

西柳长达30年的服装历史和成熟的服装行业资历，未来将会更多的吸引积极有利因素，助力西柳更强更大更好地发展。发展城市经济，构筑美好前景，兼顾社会稳定与和谐，形成经济文明。

西柳镇政府结合西柳镇自身特点，下大力度解决了一些存在的问题，并对城市的发展做出了科学合理的展望——改善软环境、培育市场集群、做优做美城市环境、加大招商引资力度、繁荣发展社会各项事业。

2. 商业布局新西柳·放眼国际创名城

2008年末，西柳镇人民政府对于西柳镇品牌全程推广进行了全国性的招标。“艺”搏云天，智“者”无疆——艺者，大显身手的机会来了。经过系统的调研、细致的分析、谨慎的思考、踏实的执行，艺者广告递交了行之有效的策划推广方案，一分耕耘，一分收获，最终艺者夺得标魁，全权代理西柳镇品牌全程推广工作。

面对着西柳镇政府期待的目光，艺者对西柳展开了细致全面的分析工作。

首要的任务是给西柳镇一个定位。

城市定位是城市发展和竞争战略的核心。科学和鲜明的城市定位，可以正确指导政府活动、引导企业活动、吸引外部资源，最大限度地聚集资源，最优化地配置资源，最有效地转化资源，最合理地制定战略，最大化地占领目标市场，从而最有力地提升城市竞争力。否则，城市定位不准，就会迷失方向，丢掉特色，丧失自身的竞争力。

要使城市脱颖而出，定位的关键点在于找出最能代表城市特点的“名片”。艺者通过市场深度调查及访谈，拟定了如下几套方案。

方案一：中国服装名城

西柳服装大市场因发迹早、规模大、品种全、交易旺而闻名全国。1998年西柳服装大市场进入全国文明市场行列，2003年在全国百强纺织品服装鞋帽交易市场排序中名列第二位，2007年西柳服装大市场被评为全国文明诚信市场和中国十强新兴市场。

中国·西柳
XILIU CHINA

西柳镇的西字　　团结合作 发展共赢　　五彩世界——西柳大市场　　舞动的绸带(活力西柳喜迎八方客)　　汇聚(全国客商汇聚西柳)　　立足中国 辐射世界

方案二：中国北方物流集散中心

立足辽南交通枢纽的区位优势和西柳服装大市场的物流集散优势，辐射东北三省一区及华北、西北、中原等部分省区，稳固形成了通达全国的现代物流运网体系。借西柳大市场集群优势，巨大的物流运量将为运输企业发展提供无限商机。

方案三：中国商贸名城

西柳市场业态丰富，市场内经营服装、布匹、针织、小百、服装辅料、床上用品、电子电器等20余类2万多种商品。逐步建成煤炭批发、五金机电、汽配汽贸、童装等各类专业市场。全方位聚集人流、物流、资金流，多元化撬动西柳发展活力，使西柳变成市场高地、财富洼地，变成万商云集、百业竞逐、物畅其流的商贸名城。

经过对比分析和考虑到城市定位应遵循的原则，艺者与西柳镇领导最终选择了方案三——“中国商贸名城”。

方案一与城市定位的独特性原则相违背。城市定位应该有鲜明的个性，要尽可能与其他城市区别开来。而号称中国服装之城的城市有南方名城XXX，与南方城市的竞争中势必削弱了西柳镇品牌的传播力。城市的个性是不可接近、难以模仿和超越的。实际上，特色就是个性，就是独具一格。城市特色是城市内在素质的外部表现，是地域的分野、文化的积淀。

方案二与城市定位的美誉性原则相违背。城市定位的美誉性、生动性越强，就越易进入人们的眼帘和脑海，越能增强城市的凝聚力、吸引力和辐射力。城市定位语尽量简洁，便于记忆。中国北方物流集散中心概念太广泛，没有彰显自己非凡的品质魅力。城市品牌的美誉性是一个积累的过程，建立城市品牌并不是一个广告、一次公关活动就可以解决问题，城市只有内外兼修方能为自己赢得美誉度并得到世人的认同。

方案三真正找到了自己的灵魂与核心价值、把握住了自身的本质特征。综合性地涵盖了西柳境内业态丰富，商贾云集，物流集散等优势；定位语言简意赅，准确鲜明地描绘了西柳镇形象。

3. 轻舞飞扬的彩带·绽放西柳的魅力

城市的定位确定下来后，着手城市品牌推广的核心——城市标志设计。城市标志的直观、形象、不受语言文字障碍等特性，极有利于区域间的交流与沟通，因此城市标志得以迅速推广和发展，成为视觉传达最有效的手段之一。

在设计之前，艺者对西柳镇做出全面深入地了解。城市标志设计最重要的考虑因素是城市环境的复杂性、信息内容的多重性、接受人群的多样性和传达信息的及时性。受众反应是评估标志设计质量的重要客观标准。

考虑到城市标志设计要具备功用性、识别性、显著性、多样性、艺术性、准确性、持久性这些特点，艺者从调研分析、要素挖掘、设计开发、标志修正等流程进行工作。经过策划、创意、文案人员撰写的西柳镇概要、标志创意简报、其他城市标志的对比分析报告，通过设计师匠心独运的视觉表现，形成了几款方案。

方案一：

方案一标志释义：

• 时尚大气，以丰富的色彩构成强势的视觉冲击力。

• 绿色生机活力，寓意着可持续发展，金黄色寓意品质、财富，红色奔放，寓意着西柳魅力四射的前景，紫色寓意尊贵，而蓝色寓意着开阔的发展视野。

• 五色韵动，展示出西柳是一个充满活力、多元发展的魅力城市。

• 取西柳的“西”字为设计元素，汇聚视觉感官，寓意西柳依托交通要地，融通商品物流，吸引全国各地客商汇聚于西柳，共谋西柳大市场繁荣。五色的彩带形成“西”字，表明西柳立足大市场发展前沿；服装产业化致力于多元发展，赋予西柳镇丰富的内涵。舞动的绸带寓意西柳广纳市场资源，喜迎八方客商。标志的整体构图犹如地球的经纬线，寓意西柳立足中国，放眼世界，成就中国知名城市品牌的雄心壮志。

• 整体标志如紧握的双手，展示西柳镇发展理念：“团结合作，发展共赢。”

方案二：

方案二标志释义：

• 标志时尚活泼，红黄两色的融合营造和谐的视觉之美。鲜明的色度展示出西柳是一个活力无限的现代城市。红色寓意红火之势，象征西柳经济发展如火如荼。金黄色意指财富，象征西柳的科学发展规划——为客商和城市发展创造出更多的财富，为西柳成为中国知名城市品牌奠定坚实的基础。

• 标志以“西”字与“扣”、“线”、“龙”为设计元素，挥洒笔墨展示出西柳兼容并蓄的城市性格。以纽扣元素建立与西柳服装市场之间的关联性，强化标志的独一性和识别性。浑厚飘逸的“西”字，彰显西柳雄厚的经济实力与强大的发展潜力，寓意西柳以服装产业带动其他的产业发展，以大市场发展理念提升城市品牌形象。

• 一根“线”的表达，体现社会经济连接城市经济，城市经济连接人民经济发展，环环相扣，密切相连。

• 整体标志如同腾飞的巨龙，寓意西柳全面落实科学发展观，做强做精服装市场，突出地方工业和配套产业的支撑作用，着力打造和提升西柳镇品牌，实现西柳镇品牌质的突破与飞越，象征西柳以巨大的发展潜力与科学规划，必将成为中国知名城市品牌。

方案三：

方案三标志释义：

• 标志大气浑厚，以红黄为主色调，富有亲和的色彩，展示西柳是一个活力无限的现代城市。红色象征如日中天的发展之势与红红火火的发展前景，金黄色寓意财富，寓意西柳是一个充满商机、财富横生的宝地，象征西柳汇集各地商户，以大市场助力城市发展，提升西柳镇品牌形象。

• 以西柳的大写字母“X”、“L”组成了“西”字，构建标志的唯一性。

• 标志运用纽扣元素，取意西柳争做全国最大的服装市场，用纽扣元素表现出西柳最大的城市特征，寓意着社会发展与城市发展紧紧相扣，政府与人民紧紧相扣，人与人之间心心相扣，更加体现了社会责任及城市责任。以传统的凤凰元素装饰纽扣的线眼，表明西柳是传统文化积淀很深厚的城市。

• 衣领寓意西柳服装产业带动其他产业，构建西柳大市场发展战略，体现了领航者、领军城市的形象。圆润的笔触，就如一只飞舞的凤凰，寓意西柳拥有无限的发展潜力，象征西柳可持续发展规划必将成为中国品牌城市的一员。

• 整体标志犹如一枚铜钱，寓意西柳立足广阔的发展视野，卧守交通枢纽，导控商品流通，以服装产业为主导促进大市场繁荣，象征西柳以科学的前瞻发展规划，创造出无限的商机，吸引更多的客商，为西柳镇积累更多的物质与精神财富。

艺者提案人员按照各个标志方案的中心创意思想，阐释了标志与西柳的关系、标志与城市定位的关系、标志与宣传广告语的关系。艺者公司将方案一作为第一推荐方案，经过与西柳镇政府多次沟通、商榷，最终选定方案一作为西柳镇品牌形象标志。

4. 完善的符号系统 · 展示清晰的形象

任何一个城市想进行宣传并传播给社会大众，从而塑造可视的城市形象，都需要完善的符号系统，传播的成效大小取决于符号系统的设计能否被社会大众辨认与接受，并给社会大众留下深刻的印象。符号系统中基本要素都是传播城市形象的载体，通过这些载体来反映城市形象，视觉识别系统是一个严密而完整的符号系统，它的特点在于展示清晰独有的城市形象，从而便于受众识别和记忆。

艺者广告此次工作中，还包括西柳镇的城市VIS（视觉识别系统）建立。

西柳镇的城市VIS（视觉识别系统）主要内容如下。

Ⅰ、城市基础系统设计

（1）城市品牌标志设计

① 城市标志及创意说明

② 标志墨稿

③ 标志反白效果图

④ 标志标准化制图

⑤ 标志方格坐标制图

⑥ 标志预留空间与最小比例限定

⑦ 标志特定色彩效果展示

（2）城市标准字体

⑧ 城市全称中文字体

⑨ 城市简称中文字体

⑩ 城市全称中文字体方格坐标制图

⑪ 城市简称中文字体方格坐标制图

⑫ 城市全称英文字体

⑬ 城市简称英文字体

⑭ 城市全称英文字体方格坐标制图

⑮ 城市简称英文字体方格坐标制图

（3）城市标准色

⑯ 城市标准色

⑰ 辅助色系列

⑱ 背景色使用规范

⑲ 色彩搭配组合规范

⑳ 背景色色度、色相

（4）城市吉祥物

㉑ 吉祥物彩色稿及造型说明

㉒ 吉祥物立体效果图

㉓ 吉祥物基本动态造型

㉔ 吉祥物造型单色印刷规范

㉕ 吉祥物展开使用规范

（5）城市象征图形

㉖ 象征图形彩色稿

㉗ 象征图形延展效果稿

㉘ 象征图形使用规范

㉙ 象征图形组合规范

（6）城市专用印刷字体

㉚ 城市专用印刷字体

（7）基本要素组合规范

㉛ 标志与标准字组合多种模式

㉜ 标志与象征图形组合多种模式

㉝ 标志与吉祥物组合多种模式

㉞ 标志与标准字、象征图形、吉祥物组合多种模式

㉟ 基本要素禁止组合多种模式

Ⅱ、政府办公系统设计

㊱ 领导名片

㊲ 基层工作人员名片

㊳ 信封

㊴ 国内信封
㊵ 国际信封
㊶ 大信封
㊷ 信纸
㊸ 国内信纸
㊹ 国际信纸
㊺ 特种信纸
㊻ 便笺
㊼ 传真纸
㊽ 票据夹
㊾ 合同夹
㊿ 合同书规范格式
51 档案盒
52 工作证
53 临时工作证
54 出入证
55 工作记事簿
56 文件夹
57 文件袋
58 档案袋
59 卷宗纸
60 公函信纸
61 备忘录
62 简报
63 签呈
64 文件题头
65 直式、横式表格规范
66 电话记录
67 办公文具
68 聘书
69 岗位聘用书
70 奖状
71 公告
72 请假单
73 名片盒
74 名片台
75 办公桌标识牌
76 及时贴标签
77 纸杯
78 茶杯、杯垫
79 办公用笔、笔架
80 笔记本
81 记事本
82 公文包
83 通讯录
84 挂旗
85 屋顶吊旗
86 竖旗
87 桌旗

Ⅲ、政府公关系统设计

88 请柬
89 邀请函及信封
90 手提袋
91 贺年贺卡
92 挂历版式规范
93 台历版式规范
94 日历卡版式规范
95 明信片版式规范
96 礼赠用品盒
97 广告伞
98 公车车体设计
99 宣传车车体外观设计

Ⅳ、城市宣传系统设计

100 电视广告标志定格
101 报纸广告系列版式规范（整版、半版、通栏）
102 杂志广告规范
103 海报版式规范
104 分类网页版式规范
105 网络主页版式规范
106 光盘封面规范
107 城市宣传册设计规范
108 招商手册设计
109 展板陈列规范
110 大型氢气球广告规范
111 大型路牌版式规范
112 灯箱广告规范
113 霓虹灯标志表现效果
114 公交车体广告规范
115 候车亭广告规范
116 擎天柱广告规范
117 其他户外广告规范

Ⅴ、政府办公导视系统设计

118 政府大门外观

119 公共设施标识
120 停车场区域指示牌
121 政府办公大楼楼梯示意效果图
122 政府大楼户外招牌
123 政府行政部门标志牌
124 活动式招牌
125 政府机构平面图
126 大门入口指示
127 楼层标识
128 楼层标识示意图
129 政府布告栏
130 立体式标志牌
131 欢迎标语牌
132 户外立体式灯箱
133 政府部门门牌
134 室内城市形象墙
135 玻璃门装饰带

Ⅵ、城市交通导视系统设计

136 一级交通指示牌
137 二级交通指示牌
138 三级交通指示牌
139 交通标志导航牌
140 交通行驶导航牌
141 交通禁止牌
142 交通公交车导航示意牌
143 重点建筑引导牌
144 交通标点标志牌
145 特殊交通示意牌

Ⅶ、城市商业导视系统设计

146 商业街全景导航牌
147 商业街引导标志牌
148 商业提醒标志牌
149 商业街禁止标志牌
150 跨街广告牌设计规范
151 路灯广告牌设计规范
152 垃圾箱的广告牌设计规范
153 电话亭的广告牌设计规范

Ⅷ、城市文化导视系统设计

154 景区全景牌
155 景点导航标志牌
156 景观介绍牌
157 游乐设施介绍牌
158 服务设施标识
159 公共信息引导牌
160 服务引导标志
161 交通指示牌
162 禁止标志牌
163 游客提示牌
164 景区界线牌

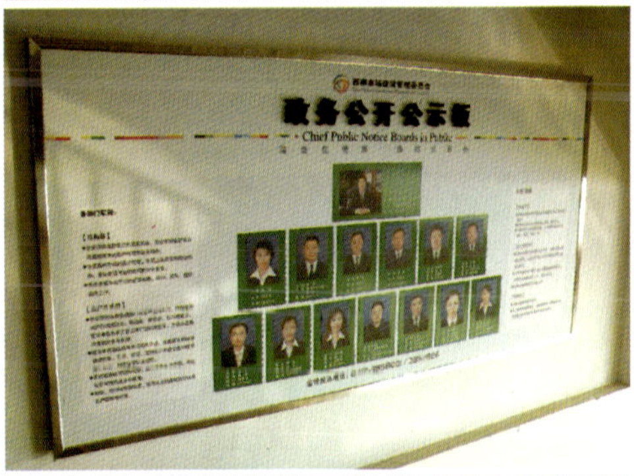

中国·西柳
XILIU CHINA

中国·西柳
XILIU CHINA

中国·西柳
XILIU CHINA

楼层索引
FLOOR INDEX
西柳市场建管委员会
5F 西柳市场管委会 西柳工商分局
4F 西柳市场党委 西柳市场管委会
西柳纺织服装协会 西柳市场信息中心
浙江党总支部 多功能演示厅
西柳服装品牌推广中心
3F 西柳市场管委会 西柳工商分局
2F 西柳国税分局 西柳地税分局
1F 西柳市场办事大厅 西柳工商分局
致力打造中国一流投资软环境
China is committed to creating first class investment soft environment

中国·西柳

5. 精心的指示设计 · 连接城市的纽带

为适应西柳镇的城市经济整体发展的要求，从人类文化思想理念发展的角度出发，结合西柳镇的城市经济文化发展的实际情况，在经过对西柳镇的城市现实与历史的反复调查研究后，从理论性、现实性和人文性城市街道的整体框架建设出发，考虑到街道标识是联系城市各个功能区的纽带，作用巨大，艺者对西柳镇的城市街道亮化工程进行了设计。

（1）西柳镇街道景观现状

近十几年来我国城市面貌发生了巨大变化，但是我国城市景观与先进国家相比，还有很大差距，还需要不断努力。目前西柳镇街道景观的存在主要的问题有以下几个方面。

① 功能设施不健全，缺乏有效的交通导视。仅仅考虑道路交通的基本要求——对路面的要求，忽视街道交通导视的功能，滞后与人们的使用要求。

② 街道形象杂乱，交通标志缺乏系统的精心设计。街道的广告牌风格杂乱，缺乏系列化、标准化设计，整体性较差。

③ 街道环境“重车不重人”。交通导视主要为车服务，忽略对行人交通导视的需求。

④ 辅助设施严重短缺。为街道上行人服务的设施，如公共厕所、街路标牌、交通图展示板、公共电话亭及必要的休息空间等严重短缺，与城市面貌的改善不同步。

（2）西柳镇街道亮化工程设计原则

① 以人为本原则。从人本设计出发，通过对文字、图形间隔的群组方式，行列间隔、周边留白等设计，满足交通指示信息可注意性、可读性及可理解性原则。

② 不与周边环境形成视觉冲突。在满足人性化需求的前提下，要突出美化环境的功能。

③ 整体性原则。整体设计要有统一的风格和色调，易于认知，便于城市形象的统一。

（3）西柳镇街道亮化工程设计策略

① 站在城市品牌经营的角度，实行对城市标识系统的规划设计。西柳周边的几个城市，像大连、岫岩、大石桥、鲅鱼圈都对城市品牌形象进行相应设计，他们站在品牌经营的角度，以城市形象设计带动城市招商和城市旅游，推动城市快速发展，取得了卓越的传播效果。

② 统筹规划，区别对待，以人为本，注重体验。以哈大路、火车站和汽车站为重心，延伸到周边几个街道，着重强化导视功能，有效快速让人们得到相应的道路信息和行进路线，同时让一些外来人员对西柳镇有一个良好的城市印象。以商业为中心的道路导视要将商业气氛和高端氛围营造出来，突出活力与时尚，展示出西柳的城市魅力。

（4）西柳镇街道亮化工程设计方案

根据城市的功能布局和道路等级的规划，指示牌可分为一级指示牌、二级指示牌、三级指示牌。一级指示牌：主要针对城市的大型场所，广场区域，人流集散区域。二级指示牌：步行街，主要街道。三级指示牌：各个街道路口的路牌。

在车站区建立完善的视觉导视系统，包括：LED屏城市宣传片、车站室内指示牌、城市地图、公交车和铁路交通线路图等，为初次到访者提供西柳的城市信息，方便人群从一点向多点疏散。

街道景观体系统包括：路灯、灯杆挂旗、户外灯箱、公交站亭、城市景观花坛、城市宣传栏、城市擎天柱广告、垃圾箱等。艺者为其提供整齐划一、彰显城市特色的视觉形象设计。

商贸城是带动西柳市场升级换代、实现高端集群化的龙头项目。是西柳镇城市亮化工程的点睛之笔。艺者为其设计了主题商贸城的户外宣传广告、商贸城内指示牌、商贸城户外吊旗、LED屏商贸城宣传片等。

6. 全新的招商平台·真诚合作赢未来

招商网站策划

（1）西柳招商网站建设目的

① 借助全新的招商平台与强大的网络传播，整合招商传播信息资源，开创西柳招商引资工作新局面，全面配合与推动西柳招商引资工作的进程。

② 通过网站展示西柳的城市魅力与风采，通过网站让商户对西柳镇有初步了解，增强商户对西柳投资的决心，为下步双方项目洽谈奠定良好的基础。

③ 以网站为平台，形成西柳在网络新媒体中传播的一个完善宣传体系，进一步完善与提升西柳镇的城市品牌形象，强化西柳在网络这个新媒体中的影响力（据CNNIC发布的中国互联网络发展状况统计报告，我国网民总数突破3.38亿）。

（2）西柳招商网站定位

① 网站主题定位：中国商贸名城，打造中国北方义乌。

② 网站宣传定位：与西柳携手打造中国北方义乌。

③ 网站功能定位：西柳招商引资营销型网站。

④ 西柳招商网站风格：简洁、明快、大气、现代，富有西柳镇形象气质与性格。

⑤ 西柳招商网站建设策略：

A. 挖掘与整合服务于西柳招商的一切资源，并加以提炼与包装，以简洁生动的图文直观将信息传递出来，让商户快速深刻地了解西柳镇的特点与发展潜力。

B. 以展示塑造西柳镇综合实力为中心，弱化单一指向性以招商为传播目的。用西柳整体魅力与影响力吸引商户的关注，用西柳强大的发展潜力和巨大的财富空间打动商户，触动他们投资西柳的想法。

C. 以图、文、声并茂，将沟通细节做到极致，注重与商户进行实时沟通，随时为商户解决招商疑问。

D. 跳出“招商”传统狭隘的思路，以全新的思想诠释西柳招商新思维的大智慧。

E. 以建设一个营销型网站为目的，优化网站与提炼热点关键词，注重与相关知名网站的有效链接，打造一个实时有效的招商营销新平台。

（3）网站构架

① 网站基础信息。网站名称：中国•西柳招商网

② 板块划分。网站分为引导板块、互动版块、链接板块、形象板块、服务板块、功能板块。

引导板块：以招商引资信息为核心，以西柳镇的城市发展与动态、城市风采、品牌企业、媒体看西柳等板块作为引导，全面服务与提升招商引资的信息宣传，同时起到丰富网站内容与突出网站亮点作用。

互动板块：政府为商业机构与民众提供信息交流的平台。

形象板块：用图片、视频形式生动介绍与传达西柳镇城市形象。

链接板块：链接其他城市招商类网站。

服务板块：为个人与企业服务提供政策服务与生活资讯。

功能板块：天气信息、交通线路查询、站内信息搜索、西柳招商文件、招商政策与西柳招商电子杂志下载等。

③ 板块内容设置。

关于西柳——城市概况、区位优势、西柳市场信息、西柳旅游等。

区位优势——结合图片的形式，分别以西柳—海城、西柳—辽宁、西柳—东北、西柳—全国等四个部分阐述西柳镇城市发展的战略意义，阐述出西柳未来蓝图和巨大商业空间。

西柳新闻——以图文集合方式介绍西柳镇城市发展动态，让商户迅速了解西柳。

城市风采——城市名片、城市环境、城市荣誉、媒体看西柳。

A. 城市名片——中国商贸名城以及相关的介绍。

B. 城市环境——交通环境、商业环境、人文环境。

交通环境：西柳的交通环境介绍，打造便捷的政府引导式交通体系。

商业环境：西柳市场格局阐述、西柳经商氛围、西柳商业配套说明。

人文环境：西柳镇城市文化活动，重点展示西柳的商业文化。

C. 城市荣耀——获得国家、省、市等各种荣誉说明、先进典型个人与上级领导参观考察。

D. 媒体看西柳——媒体转载的文章，通过媒体的报道让人们看到西柳镇城市影响力。

城市专题活动——西柳旅游文化节、西柳镇城市宣传语征集、国庆60年西柳文化展之类的大型新闻专题报道或是重大文化交流活动，说明西柳是一个活跃的城市，不止是在商业方面，让人们了解到一个全面的西柳，看到一个活力四射的现代文明城市。

招商引资——招商动态、项目推介、招商政策、招商成果

A. 招商动态——项目招商进展情况。

B. 项目推介——分为重点项目介绍与基础项目招商两个板块，对招商项目进行说明。

C. 招商政策——政府政策、优惠政策、信贷支持。

D. 招商成就——招商成果展示。

品牌企业——西柳品牌企业的介绍与推介。

（4）网站推广

① 推广策略：以SEO（搜索引擎优化）为主导，提升网站点击量，扩大网站的影响力。

② 推广形式。

A. 基于搜索引擎的推广（据有关数据统计，网站的点击量80%来自搜索引擎），推广形式主要依托搜索引擎商所提供的商业推广，对网站的关键词加以提炼与优化，通过关键词的搜索链接网站。

B. 网址推广：网址是进入网站的大门，有效将网站传递出去，这样才有利网站的推广。

推广形式：一是加入与网站导航网站，二是注册中文域名，同时可以注册几个词语，如西柳招商网、辽宁招商引资网、招商网等，通过几个关键词语的引导可以直接进入网站。

C. 建立外部链接：可与海城、辽宁政府招商网建立链接，如有可能可以与外省的政府类网站交换链接，通过相互之间的流量分享，提升网站的受欢迎程度，即网站的PR值。

D. 网络广告投放，在招商引资一类网站投入招商广告，如在中国企业家联合网招商板块，人民网投放网络广告，通过点击广告可以进入西柳招商网站（网络广告以有效点击量付费，效果较为显著）。

E. 可以在新浪网——城市板块、中国招商引资信息网和中国招商引资促进会网站等一些影响力大的网站上，建立西柳招商板块，通过新浪网等网站强大的传播力，提升西柳网站的影响力。

F. 将网站信息列入日常的宣传体系之中，借助报纸、电视等传统媒体提升网站的覆盖面与点击量。

G. 在一些网络媒体上与相关招商论坛、城市论坛发布城市招商动态新闻，与网站内容形成呼应，从侧面提升网站的影响力。

决胜终端

当西柳镇的城市品牌形象全程推广工作进行到收官阶段的时候，艺者广告公司对整个策划、设计、执行方案进行了效果评估。

效果评估，一方面是对活动执行效果的评估，它将有利于我们总结经验教训，并及时调整下一步的执行。效果评估，同时也是对我们执行代理公司策划、设计、执行能力的考量。通过效果评估，执行公司更容易发现自身在执行中存在的问题，更好的改善服务、提升自己。

本次西柳镇城市品牌全程推广工作的进行，总体策划、设计、执行结合也贴合了西柳镇的地域特征和文化，并以“中国商贸名城”定位这一宣传理念为主题，循序渐进，稳中求变，以最经济的投入，赚取最合理的回报。

西柳镇人民政府下大力度，踏实地执行了发展西柳的科学展望规划，正向多类型、高密度、强辐射的专业市场集群目标迈进。一年来，西柳镇实现地区生产总值64.24亿元，比去年增长236%；镇财政收入1.83亿元，比去年增长19%；国地两税收入1.74亿元，比去年增长164%。骄人成绩的取得，让西柳人对未来充满了信心，投身改革和建设的热情也空前高涨。如今的西柳，可以说，万众一心、众志成城。人们有理由相信，一个符合西柳发展模式、顺应西柳民心的规模化、现代化、信息化、品牌化的现代市场集群必将于不久后在中国东北熠熠闪光。

案例二：岫岩县品牌形象全程推广

广告主：岫岩满族自治县旅游局

广告代理：艺者广告（沈阳）有限公司

1. 物华天宝·人杰地灵

岫岩满族自治县位于辽东半岛的北部，面积

4502平方千米，人口50万。地理位置，东邻凤城，西接营口、盖州，南毗东港、庄河，北与海城、辽阳接壤。岫岩县是个“八山半水一分田，半分道路和庄园”的山区近海县，又是东三省开放的前沿，其得天独厚的地理位置优势和自然资源享誉海内外。

县境内多山，地势北高南低。地形以山地、丘陵为主，其间有小块冲积平原和盆地，主要山脉属长白山脉，最高峰——帽盔山海拔1141.5米，是辽南地区第一峰。县境内沟谷交错，河流纵横，有500多条溪流交错迂回在大小山岭之间，境内河流总长882公里，流域面积4466平方公里。

岫岩特产玉石，称为岫玉。它属于蛇纹石玉，为中国历史上的名玉之一，岫玉质坚色美，晶莹温润，玉质细腻，颜色多样，有耐高温性和耐腐蚀性，可雕性和抛光性好，适合雕刻大中型玉件，是国内外十分优质的玉雕材料。岫玉远景储量约300万吨，居全国之首，享有“中国国石”之美誉。特别是岫岩的玉石王、井中玉王、河磨玉王和重约6万吨巨型玉体“四大玉王”的相继出世，产生了轰动效应。

岫岩有我国最大的玉文化产业基地——中国玉雕会展中心。总投资3.2亿元，占地面积10万平方米，总建筑面积15万平方米，拥有国际标准展位3000个。在规范岫岩玉市场、弘扬岫岩玉文化、拉动岫岩玉产业发展及提高城市品位上都发挥了重要的作用。

岫岩是旅游者的胜地。岫岩名胜古迹令人神往，境内山川秀美，峰峦叠嶂，群山滴翠，犹如一幅山水画卷，奇峰异景美不胜收。岫岩是世界宝玉之都，玉石王经鬼斧神工而成天下第一玉佛，创下吉尼斯世界之最，6万吨巨型玉体述说着千百年岁月蹉跎，“玉都”、“中国玉雕精品工艺园”、“万润玉雕园”等大型玉器市场，集聚着天下玉雕精品，尽展“国石”风采，让人目不暇接，妙不可言。岫岩是满族聚居地，民俗风情淳朴归真，到岫岩可饱览满族风土人情。

岫岩是创业者的家园。岫岩对外贸易前景广阔，已建立起出口生产企业175家，出口产品发展到11大类100多个品种，远销亚欧美100多个国家和地区，特别是岫岩具有外贸进出口经营权，为发展对外贸易奠定了坚实基础。投资政策十分优越，是国家第一批满族自治县之一，有其他县市所没有的行政立法权和《自治条例》，开放的岫岩将把优惠的政策提供给投资者、创业者。

岫岩这样一个物华天宝、人杰地灵的人间仙境，正等着您去踏足。

2. 玉点江山 · 灵通天地

2009年初，艺者广告公司接受了岫岩县旅游局对于岫岩县城市品牌全程推广这一重任。面对着岫岩旅游局期待的目光，艺者开始了对岫岩城市细致全面的调研。

首要的任务是找到岫岩的城市之魂。

一个城市的产业发展离不开这个城市的人文气质，就像浪漫的法国人引领世界时尚潮流，欧洲文艺复兴的故乡意大利可以做出昂贵的皮革制品，生性严谨的日耳曼人长于精工制造，海纳百川的美国人则最善于知识创新。这种人文气质就是城市的性格，就是城市的精、气、神，就是城市的魂——城市的品牌。

策划岫岩，必须站在“城市经营”的高度，先找到岫岩的魂，进而找到岫岩的整体定位，围绕岫岩县城市的“魂”和城市整体定位进行整合营销传播，才能具有爆发力和突破力，在全国乃至世界范围内形成影响力和超级吸引力。

那么，什么是岫岩的城市之魂呢？

找魂—

对岫岩玉进行谋势

《孙子兵法》曰：“不谋全局者不足以谋一域，不谋万世者不足以谋一时。”

【天时】

—世界关注中国，

—08年北京奥运，中国华丽亮相。

—次贷危机>>金融危机>>经济危机，西欧经济衰退，中国经济持续高速发展。

—振兴东北，辽宁老大首当其冲，岫岩关注重工业背后的生活。

—40%的城市化概率，中国已进入城市化高速发展期。

—中国城市现状“大城市不大，中城市不强，小城市不特”…

【地利】

—辽宁金三角之腹地。

—资源之发力点。

—物流之心脏。

—中国玉都。

—精神之后花园。

【人和】

—中国人割舍不下的玉情结。

—岫岩玉的广泛声誉。

—奥运中国印、奖牌对中国玉文化的深远传播。

对岫岩玉进行STOW分析

【机会】

—从全局看，世界关注中国，中国元素升值，玉文化市场前景广阔。

—从中国看，振兴东北老工业基地，既要内存发展（重工业），又要增量发展（配套资源、新型产业），岫岩的发展就是要从增量中掘金。

【威胁】

—玉石源地对市场领地的争夺。新疆和田玉、青海昆仑玉（奥运奖牌玉材）、河南独山玉、湖北绿松石。

—岫岩玉不可再生性开发模式将使岫岩陷入资源枯竭境地。

【优势】

—中国玉都的品牌优势。

—玉矿富饶的资源优势。

—秀山丽水的环境优势。

—满族特色的文化优势。

【劣势】

—玉质劣势，升值突破面临瓶颈。

—地方封闭，基础建设工程量大。

—财政压力。

【定位】

岫岩因“玉”而闻名，玉因“灵”而升华

岫岩城市之魂——

玉点江山　灵通天地

玉境・点化・精华

岫岩城市定位——

（1）整体性定位

中国玉都——岫岩

玉点江山・灵通天地

（2）区域性定位

玉质生活家园

东北的香格里拉

【愿景规划】

中国精英文化会展中心

玉质生活・休闲家园

【策略规划】

倾力打造岫岩之玉境天地！

自然・纯净・背景——岫岩自然环境开发。

人文・精华・核心——会展中心、巨型玉体开发。

民风・淳朴・配建——满洲风情文化、农业旅游开发。

【策略落地】

落地之 ：玉鉴中国・印象天下

3. 设计提案・山水玉都

城市的定位确定下来后，着手城市品牌推广的核心——城市标志设计。城市标志由名称、图案、色彩三部分组成，应给人形象直观、便于记忆的印象，城市形象标志越醒目，城市品牌叫得就越响，本地企业就越受益，对外传播效果就越显著。

在设计之前，艺者对岫岩县做出全面深入地了解。城市标志设计最重要的考虑因素是城市环境的复杂性、信息内容的多重性、接受人群的多样性和传达信息的及时性。受众反应是评估标识设计质量的重要客观标准。

考虑到城市标志设计要具备符号美、特征美、凝练美、单纯美这些设计原则，艺者按照调研分析、要素挖掘、设计开发、标志修正这些标志设计流程进行工作。经过策划、文案人员撰写对岫岩的城市概要，标志策划方案，其他城市标志的对比分析，设计师经过匠心独运的创意构图，形成了几款方案。

方案一：

中国玉都・岫岩

岫岩满族自治县

Xiuyan Manzhu Autonomous County

标志释义：

• 标志大气灵动，富有中国传统文化韵味。以绿色为主色调，从色彩建立识别体系，表明岫岩是生产岫玉的中国玉都，透视出山清水秀的沁沁之风，展示岫岩是个生态城市，适宜人居和旅游。给人以温馨亲切的感觉，有种放松身心的轻松感。

• 标志以玉猪龙形象为设计主体，赋予岫岩深邃的历史文化底蕴。标志之中融入满族文化元素、玉文化元素、山水文化元素、养生文化元素，将岫岩的风情与地域特征展示在人们面前，让人们更快捷地认识与了解岫岩。

• 采用代表中国传统的毛笔笔触的形式构成整个标志，将岫岩悠久的历史和秀美的风景展现得淋漓尽致。这是一个带有浓厚传统文化色彩的现代旅游城市。标志中还选用了祥云元素，寓意岫岩是一方风水宝地，适宜养生的旅游胜地。

• 标志整体构致精巧，带有浓郁的中国风，字体的选择与图形风格有机地融为一体。

方案二：

标志释义：

• 标志命名为“山水玉都”，以蓝色和绿色为主色调。蓝色带有博大宽广之意境，绿色是岫玉之色，同样还是秀丽景色的代言，绿色蕴含着岫岩坚持科学发展观，关注生态环境与人居环境的建设，将岫岩打造成一个风景优美的全国知名旅游胜地的宏图伟志。蓝绿两种颜色过渡自然，犹如天水相连。蓝绿两种颜色相得益彰，给人赏心悦目的视觉感触。

• 标志以玉猪龙为设计主体，寥寥数笔勾画出岫岩山水的隽秀灵通，玉猪龙与山水形象互为交融，一派浑然天成之景象，传达“灵山韵水出美玉”的岫岩城市镜像。标志弱化了玉猪龙的实体形象，汲取玉猪龙蕴含的历史价值与文化价值，赋予岫岩更深厚的历史文化底蕴，拓宽了城市品牌建设与发展的根基。标志整体浑厚大气，符合中国玉都的文化气质，飘洒岫岩山水奇秀灵韵的气息，与“玉点江山·灵通天地”的岫岩城市印象相吻合。

方案三：

标志释义：

• 标志精致简洁，通透明晰，富有品质感，营造出一种和谐的视觉感官。标志以玉猪龙为设计主体，并以岫岩玉的颜色和质地将标志完美地演绎出来。

• 标志整体传达出岫岩是历史文化深厚、隽秀灵动的中国玉都，同时还将抽象的山水元素融入到标志设计之中。“一山一水，一片天地”，简洁明了地传达出岫岩作为旅游胜地的特点。山川绵亘不绝、奇异险峻；秀水婀娜多姿、盈盈留香，是一个观光旅游的绝佳去处。

• 标志之中还融入满族风情元素，告诉人们岫岩除了美玉，还有满族之风。

• 标志整体字体运用渐变手法，犹如一道灵光照耀，与“玉点江山·灵通天地”的岫岩城市印象不谋而合。

艺者提案人员按照各个标志方案的中心创意思想，阐释了标志与中国玉都岫岩的关系、标志与城市定位的关系、标志与宣传广告语的关系。艺者广告公司将方案二作为第一推荐方案，经过与岫岩县各层领导多次沟通、商榷，最终选定方案二作为岫岩县品牌形象标志。

4. 会展中心·玉鉴中国

【解决方案】

岫岩城市印象核心打造解决方案具体如下：

会展中心的改造方案——玉鉴中国

观念转变　从玉石交易到玉境消费

无论巨型玉体的开发，还是旅游资源的挖掘，对岫岩来说，玉文化永远都是最根本性的核心能源。会展中心的打造也不例外。作为世界上最大的具有国际展位标准的玉器交易中心，中国玉雕会展中心的现状却让人感到有些大材小用；展区分布没有科学的划分，让人无所适从；有国际化的形象和定位，却没有国际会展中心的氛围；业主与服务人员的形象、素质有待提高；中心大厅没有有效的利用，金色的财神和整个玉文化氛围不协调，影响了整个会场的气场；一楼以上楼层多为闲置，造成资源的巨大浪费……

分析原因　造成以上问题的原因也许有很多，但主要原因不外乎两点。

① 缺乏与项目定位相称的管理人才和管理机制。

② 缺乏有效的文化传播。

经营核心管理是内因，传播是外因，内因决定外因，外因通过内因起作用。因此，要把会展中心盘活，就必须在进行有效的文化传播的同时抓好内部的管理工作。然而，这还不是会展中心的根本性问题，思路决定出路。会展中心的根本性问题在于对会展中心的营销思想已经老化。中国玉雕会展中心，既然将自己定位为“会展中心”，其运营方式就不能再把它当做荷花池玉器交易中心的模式来操作。会展中心作为一种新时代的商业模式，以文化带动销售是其核心运作方式。因此，玉雕会展中心的经营核心在于对玉文化的打造！

【会展中心崭新定位】

玉质文化休闲广场

【倡导玉质生活态度】

达观、纯净、自然

会展中心是所有渴慕玉质生活的人休闲度假的集会胜地

【玉质文化】

对生命无所求，就那么自自然然地成长，不与黄金争那份尊贵，更不与钢铁争那份坚强，只需一份惺惺相惜的呵护，就足以到地老天荒。碧空上云卷云舒，芳草间花香鸟鸣，远离尘世的纷扰，即使无人发现，也要细致经营美玉人生。千古传诵的是时间沉淀的见证。

【核心产品打造】

环境背景 —— 岫山

文娱中心 —— 洋河

休闲广场 —— 会展中心

（1）岫山开发：三境崖 弥勒山

王国维在《人间词话》中说，古今之成大事业、大学问者，必经过三重境界：

第一境界：昨夜西风凋碧树，独上高楼，望尽天涯路。

第二境界：衣带渐宽终不悔，为伊消得人憔悴。

第三境界：众里寻他千百度，蓦然回首，那人却在灯火阑珊处。

（2）洋河开发：玉境岫岩 天上人间

以远近山景为背景，将会展中心前的洋河打造成水上演艺舞台，两岸、洋河桥、画舫设计观赏区。功能定位：满族特色文艺汇演；时代精英文化大型汇演。

（3）会展中心：玉境宫

会展大厅：演艺厅；会展厅；玉雕、赌石大会。

一楼玉境：居家、公室坊、岫颜阁、养生堂、礼玉天下、相应体验馆或秀工场。

二楼玉境绿都美食城，尽收华夏特色美食。

三楼玉石温泉馆。

四楼、五楼商务会议室、大小客房等。

楼顶设楼顶花园。

5. 巨型玉体 · 印象天下

【解决方案】

岫岩城市印象核心打造解决方案具体如下：

巨型玉体开发方案 —— 印象天下

【文化价值】

巨型玉体的价值何在？

其实全在一个“玉”字上。

无玉，

巨型玉体仅是一块大石头罢了。

黄金有价而玉无价。

玉何以无价？

是因玉乃人、神性灵之物语也。

有云：爱无价，

玉亦然。

由是，巨型玉体的开发价值全在于

其承载的文化（或心性）价值！

玉之文化或心性价值在于：

玉之神性、玉之德性、玉之威严、玉之美质、玉之养生。

试问，哪种价值与巨型玉体之“巨”相称？

而最具石破天惊、撼人心魄的力量！

——玉之神、德、威严也！

玉之神性——聚天地之精华，凝山川之灵气

玉之德性——仁、义、礼、乐、信

玉之威严——玉玺：真命天子·国威之印证；身份之象征

【开发思路】

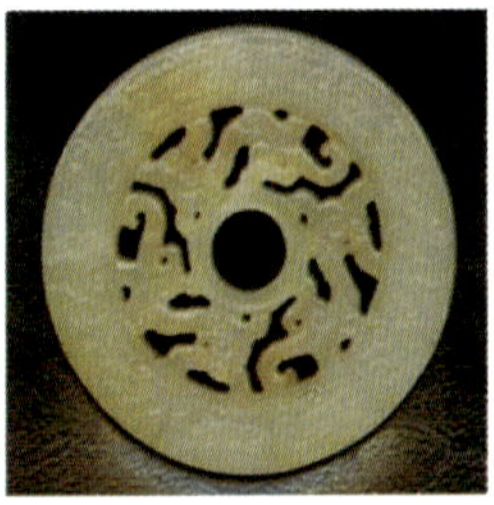

古往今来，传国玉玺被奉为天子受命之信物，是天地精英、无上权利和威严的象征，亦是帝王文化的根系，并由此延伸出以玉喻德的博大精深的中华文明。藉此，奥运中国印征服了全世界！因此，如果将巨型玉体打造成象征中国国魂和中华美德的天下第一印，必将带来举世瞩目的国际影响并具有深远的历史意义。

玉体命名：龙魂·玉典

形象定位：天下第一印

诉求定位：诚信达天下

整体项目命名：中国印·象

项目定位：玉印中华文明之精髓

形象展示：龙魂·玉典主建筑位居“中国印·象”大观之中心，印定乾坤，中华精髓文明“印·象”如颗颗玉珠镶嵌在岫岩灵谷间，“玉点江山，灵通天地”，蔚为大观！

【项目建设】

（1）巨型玉体：龙魂·玉典

原址开发、全面剥离或部分剥离、技术加固。将其进行艺术雕刻，沿用天圆地方的中国文化造型，上盘云龙象征威严、祥瑞、和谐、腾飞和福祉。

（2）中国印·象：天下第一印

方案一：古建风格，巨型玉体位置为景观中心，整体布局外圆内方，各主题布景依山傍水，各自成方，错落相形。

方案二：现代通透建筑风格，上圆下方华冠式的建筑结构。建筑通透龙魂·玉典全貌，内设大、中、小型会厅若干及宴会厅、客房、玉文化长廊等相应环境配套，意在打造一流的学术交流峰会、文化博览圣地。

【产品市场预测】

中国玉都、巨型玉体的强大辐射力为本案开发奠定丰厚的市场基础。中国奥运对中国玉文化的推广传播极大地拓展了中国玉文化市场。奥运中国印的形象通过奥运的传播深入人心；中国印作为中国的一种传统文化现象，其所代表的德信内涵及其于方寸间凝聚精华、彰显大家的艺术魅力早已成为中国人的行为和审美规范；天下第一印经过精心打造和推广将成为世人印证盟约、誓言的标志。这里将成为世界上第一个举行隆重签约仪式及婚姻庆典的见证圣地。龙魂·玉典所代表的吉祥、福瑞、和谐之意象为天下第一印的神圣威严强化后势必吸引天下华人的追崇与膜拜。国魂玉玺之巨大影响力和深远的历史意义势必会吸引国家政府的关注与支持。

6. 美人如玉 · 决胜终端

【推广策略】

（1）年度全球华人中国玉都“美人如玉”形象选拔大赛

许慎的《说文解字》“玉，石之美兼五德者。”

屈原的《离骚》:“纷吾既有此内美兮，又重之以修能。惟草木之零落兮，恐美人之迟暮。”

龚自珍的《夜坐》:“美人如玉剑如虹。”

① 分东北、华北、华东、华南、华西五大分赛区全国海选。

② 全国权威媒体自发跟踪报道。

③ 年度总决赛在岫岩玉镜广场落幕，届时，岫岩将成为全国聚焦的文化中心。“玉鉴中国 · 精华天地”的诉求定位将全面昭示并深入人心。

（2）定期组织时代精英文化集会

如让同一首歌走进岫岩、明星二人转，转到岫岩来，让岫岩成为时代文化的焦点。

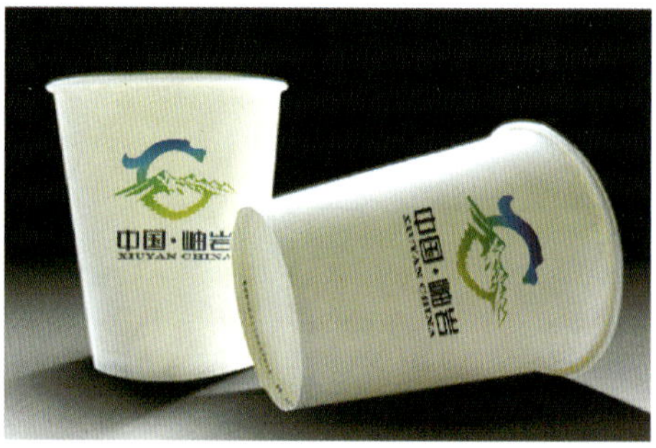

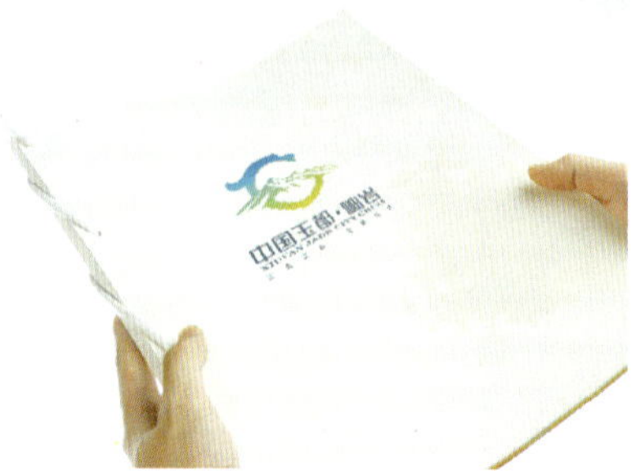

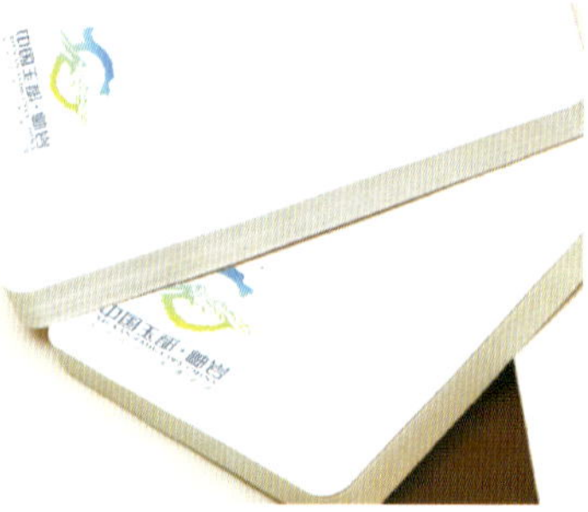

【背景打造】

岫岩城市印象之背景打造

雕琢——玉不琢，无以成大器

岫岩城市品牌的升级是一个围绕岫岩玉魂全面展开的玉境打造的过程。巨型玉体与会展中心的开发建设是其核心项目，一古一今，自然人文，珠联璧合。但是对玉城、玉风的基础开发工作亦不可小觑。巨型玉体会展中心核心项目的开发建设会对整个城市的发展起到巨大的带动作用，但是核心项目的开发必须有玉城、玉风的环境积淀。

【配套建设】

岫岩城市印象之配套建设

通脉——路不通，无以达四方

岫岩位居辽南金三角之重心地带，是资源之发力点、物流之心脏、精神之后花园，实现这一切价值之首要，就是要道路畅通！

民俗民风——玉都大街打造：一剪坊、岫影馆、风情小吃、特产名店等。满族村建设：居民区特色规划。

【招商引资】

岫岩城市印象之招商引资

战略方向：城市与项目规划

城市名片：招商手册

方针策略：整体观念、政策扶持、重点开发、反哺提升、和谐共建

走出去：招商会、媒体推广

【营销推广】

岫岩城市印象之营销推广

开屏——形不张，无以引仪凤

推广分为三个步骤。

第一步·全面招商期：城市新形象的整体推广

推广主题：中国玉都——岫岩

玉点江山·灵通天地

推广方式：媒体推广——主流媒体推广、环境媒体推广

活动推广——全国巡回招商会

岫岩城市形象宣传标语全国征集活动。

第二步·核心推广期

推广主题：玉鉴中国·印象天下

主题形象：玉鉴广场龙魂·玉典

推广方式：媒体推广——城市户外、车亭、报刊、网络

活动推广——玉体开发方案全国征集活动

第三步·产品推广期

推广主题：中国玉都岫岩——全球华人“美人如玉”形象选拔大赛招募中

主题形象：岫岩风景·如玉美人

推广方式：城市户外车停、报刊、网络

【效果评估】

通过本案的打造，岫岩将形成三大气场

（1）美人场

商业链：美人 →追随者

（2）盛典场

商业链：天下第一印→信奉者（名人）→览胜者（追随者）

（3）玉文化场

商业链：玉文化→洋人→览胜者（追随者）

本案将使岫岩年旅游人数倍增，随着大量“追随者”的到来，有力地拉动岫岩地区其他产业的发展，势必对岫岩经济有重大的引擎和提升。

第五章　VI手册制作完全示例

第一节　编制VI手册的意义

一、VI手册的基本体例

在企业视觉形象识别系统（VI）全部项目内容设计完成后，就是将这些设计成果按照统一的风格格式编制成系统、规范的形象手册。VI手册的内容主要包括企业导入VI系统的背景和意义，VI手册的使用规范和管理规范，VI手册的编委会成员的名单，VI手册的内容提纲（目录），VI全部设计项目的内容规范（包括基本要素规范部分和应用要素规范部分）。具体内容如下。

1. 序言（因公司情况不同而设）

企业负责人致词

企业的经营理念、企业文化及未来发展等

企业导入VI系统的背景和意义

VI手册的使用规范和管理规范

VI手册的编委会成员的名单

2. VI手册目录

3. 基础要素设计部分

标志、标准字体、标准色

标志、标准字体的修正形设计及辅助色设计

标志、标准字体的制图法和标准色的使用规范

基本要素的组合规范

禁用范例

4. 应用要素设计部分

办公用品类、环境识别类、交通工具类、票证类、大众传播广告方式、服装类、出版印刷类、待客用品及赠品类、产品包装类、展示环境类、其他类。

二、编制VI手册的意义

VI手册起着一种巩固和管理的作用，从某

种层面来说是企业形象宣传的“宪法”，而不是VI的门面，在这方面应该有一个明确的认识，尤其是那些大公司和跨国公司、集团的VI手册，其制作的时间要将近半年到一年，并且随着企业的发展，企业生存环境的变化，企业的形象系统还有一个不断地补充和调整的过程。

企业在VI设计完成以后，编制系统、规范的VI手册，对VI系统的全面发挥，具有重要意义。

① VI手册的编制，使企业的VI系统更完整、规范，更符合国际VI设计与操作惯例，有利于企业VI战略的贯彻与执行。

② VI手册的编制，为企业形象的塑造与传播，提供了内在的向心力和凝聚力，为企业未来的形象管理与维护，提供了权威性的操作标准与技术标准，并成为企业实施VI战略的衡量标准与应用准则。

③ VI手册是VI设计、开发的最后阶段，即综合全部VI开发项目作业，整理成册，予以视觉化、系统化、结构化和规范化，便于使用和查阅。

三、VI手册的使用和管理

VI手册的使用和管理甚为重要。VI手册的使用，原则上由公司的决策层负责。应用VI设计手册者，依各公司的组织不同而有区别，主要是公司各部门和分公司的执行人。手册散发的目的，往往由手册的各项内容来决定，其发行册数由上述种种因素决定。VI手册中规定的内容原则上是公司内部机密，也是公司的无形资产，任何人不得外传。VI手册中所规定的事项必须严格执行，不得擅自更改。

四、VI手册的增补和变更

企业在VI设计完成后，应随时与设计公司保持联系，以对VI实施必要的监督和指导。企业的VI系统，将随着企业的不断发展演变、企业所生存的环境的变化、时代的变迁，尤其是企业自身所特定的载体的增多，而存在着增补或变更的机会。但这种增补或变更，应严格按VI工作的程序，由设计公司和企业双方共同来完成，任何制作个人或单位，不得在新项目开发设计出来之前，擅自根据自己的意图进行增补或变更，以维护VI的完整性、规范性。

第二节　VI手册的设计制作

VI手册的编制形式一般有以下几种。

① 综合编制的方法。将基本设计系统和应用系统项目编在一起，并以活页式装订，以便于修正替换或增补，国内外不少企业采用这种方法。

② 基本设计系统和应用设计系统分开的编制方法。依照基本设计系统和应用项目的不同，以活页的形式分编成两册，主要是基于使用的方便。

③ 应用项目分册编制的方法。按不同种类，不同内容的应用项目分别编制，适合于大公司、集团化、联合企业使用。

手册封面

一、VI手册的封面及版式设计

在具体VI手册设计之前，首先要确立VI手册的开本，也就是幅面大小。一般来说，以常用的印刷开本为主。如：大16开、国际16开、方12开等，这主要是出于印刷开本的考虑。当然，如果根据设计需要也可以采用异形开本。开本确立后，就应按照VI基础设计风格确定手册封面设计方案和内文版式设计方案。

1. VI手册的封面设计及印刷工艺

VI手册的封面设计离不开基础设计中标识、标准字、标准色、象征图形等要素，手册的标题为《×××××企业形象识别管理手册》，可按照需要配以英文标题。VI手册的封面和书籍的封面一样通常会选用四色精印或某种特殊材质和印后工艺相结合。讲究的封面会按照精装书籍的标准印制装订，通过修饰和装潢，提高手册的档次。尽管VI手册的后期印制由专业印刷单位实施完成，但熟悉材质的用途，了解材质的特性，学会选择和使用最为合理的质料，结合印后工艺特效，会让设计变得与众不同，形成审美趣味。

（1）封面用材料

① 纸板——每平方米重量在250克以上的纸制品称为纸板。纸板制作是由数层纤维膜经压合制成。是函套、书封的主要材料之一。常用精装书纸板的厚度为1.5～2.5mm，少部分用1mm或3mm。主要种类有草纸板、灰纸板、灰白纸板、黄纸板、纤维纸板等。普通四色精印的封面多采用200～300克铜纸板。

特种纸样

② 特种纸——特种纸是将不同的纤维利用抄纸机抄制成具有特殊机能的纸张。一般认为书刊印刷出版离不开胶版纸、胶印书刊纸、铜版纸之类。但是，由于印刷技术的突飞猛进和多元媒体的互相竞争，许多高级印刷花纸（名称五花八门，如蒙肯纸、压纹纸等），已经成为图书出版业的新选择。这些适合特殊印刷/包装的特种纸品，名目繁多，快步挤进书刊出版业，打破了原来“印刷用纸”的一统天下和标准开本的老一套，让特种（艺术）纸异军突起，使印刷品面貌焕然一新。

③ 表面软质材料——软质材料指粘裱在纸板上的软质封面材料。它包括织品、皮革、漆布、漆纸、塑涂纸、塑料等多种。织品作为封面材料，是我国书籍加工使用最早、最广泛的一种装帧材料。早在一千多年前当出现丝绸后，就有绵帛，随着科技的发展，材料种类不断增多，函套、封面使用的种类也在不断变革、改进。常用的织品面料有棉布、丝绸、化学纤维、涂布封面布料、涂漆纸料等。

织品面料

④ 表面硬质面料——金属硬质材料指通过螺钉固定、焊锡焊接加热变软等方法制作的函套、封面材料。它包括木材、金属板、塑料面料、陶瓷等。木材比金属和塑料的质地轻、加工容易、便于组装，是书籍函套、封面装帧较常见的材质。金属形态多样、线形、网状、板材非常丰富，但日常生活中较难以加工。如果有工具，就变得较为简单。像铝板可以用螺钉固定，铜材料可以焊锡焊接。但这种装法不但需要材料运用好，且加工复杂、难度大，一般都需要手工制作完成。因而价格昂贵、不宜大量制作。

硬质面料

（2）常用印后加工工艺

① 上光加工技术——上光是在印刷品表面涂布（喷、印）一层无色透明涂料，经流平、干燥（压光）后，在印刷品表面形成薄而均匀的透明、光亮膜层的加工工艺。上光可以增强印刷品的外观效果，改善印刷品的使用性能。

② UV上光（固化）——UV是紫外线的英文（Ultra-Violet Ray）缩写，UV固化在英文中称UV Curing 或 UV Coating，UV固化是光化学反应，即液态的UV照射可固化材料经印刷或涂布到承印物或工件表面，经UV光线照射实现硬化的过程，UV固化与传统的干燥过程相似，但原理不同，传统的干燥一般借助于涂敷材料中溶剂的挥发而形成硬化，而UV固化交联则无溶剂挥发。我们所说的印刷UV技术就是在印好的想要的图案上面过上一层油。UV上光分为全幅面上光和局部上光两类，根据上光效果，还可分为高光型与亚光型。UV上光可改善封面装潢效果，尤其是局部UV，通过高光画面与普通画面间的强烈对比，能产生丰富的画面效果。

亚光型U

③ 覆膜——在纸制品上裱一层透明的塑料薄膜，就是覆膜。具体来说，印刷中的封面、纸盒的外表面这些容易磨损的部位，如果需要保护膜，就在印刷之后、折叠和裁切之前给它裱一层，这层膜必须很透明，有很好的韧性，质地均匀，没有砂眼气泡，表面很平整，它通常是聚丙烯材料做成的，它还预涂了热塑性高分子黏合剂以便和纸张结合，印刷厂用热压滚筒把它牢牢地贴在纸上。这样一来，纸的表面有了更好的光泽，质地更厚实，而且印在上面的颜色受到了保护。我们在前面看到，上光也有同样的作用，但厚纸上光后会变脆，覆膜后却变得柔韧耐折。膜有两种，一种是光亮如镜的，一种是不太反光的，它们分别叫“光膜”和“哑膜”。光膜最透明，对墨色几乎没有影响，但它的反光有时不太讨人喜欢，不过在精装书封面、硬纸盒等平整的表面上，光亮如镜的效果还是不错的；哑膜的质感厚实稳重，一般认为它比光膜高档，它的价格也贵些，但它像上光油那样会影响墨色，非常挑剔的颜色，比如人物的肤色、稍微偏一些都不行的企业标准色，是不宜使用哑膜的。

④ 烫印——指在封面上用加热、加压方法烫印各种图形、文字。它所用的主要材料包括电化铝箔、色箔、色片、金属箔类等。

烫银工艺

⑤ 凹凸压印——又称压凸纹印刷，是印刷品表面装饰加工中一种特殊的加工技术，它使用凹凸模具，在一定的压力作用下，使印刷品基材发生塑性变形，从而对印刷品表面进行艺术加工。压印的各种凸状图文和花纹，显示出深浅不同的纹样，具有明显的浮雕感，增强了印刷品的立体感和艺术感染力。

2. VI手册的版式设计

整个VI手册的版式设计风格要与封面相一致，除了每部分文字内容更换，其他框架结构部分应每页统一，如有需要，每部分颜色也可在标准色和辅助色范围内有所区别。一般来说，每部分用大写字母ABCD……来区分，如手册内容不是过于繁杂，基础部分和应用部分只用A和B来区分就可以了。需要特别注意的是版式的框架设计是为装载先前的设计内容服务的，因此在设计时不能喧宾夺主，要留出足够的空间装载内容。除了先前设计好的内容外，手册的页面上还要留出说明文字的位置。说明文字是用来解释说明设计稿意图及实施时的使用规范，是手册中的重要内容，不可或缺。他一般包括：

设计要素的实用功能；
理念与情感象征意义；
审美性；
色彩规定；
空间效果与尺寸缩放比例规定 ；
组合单元应用规定；
制作指示：材料、式样、规格尺寸等。

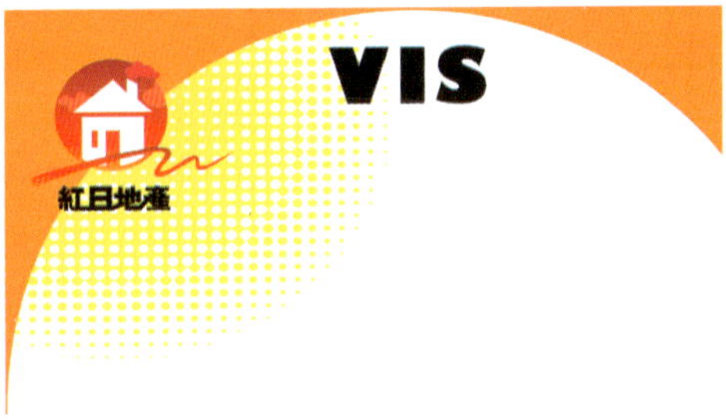

目录版式

VIS
米兰西点

精品经济酒店
VISA基础部分
P.02

空白版式

VISA基础部分
A1.02

VISA基础部分
A3.02

www. gueijian
VISB应用部分
B1.03

VISB应用部分
B5.01

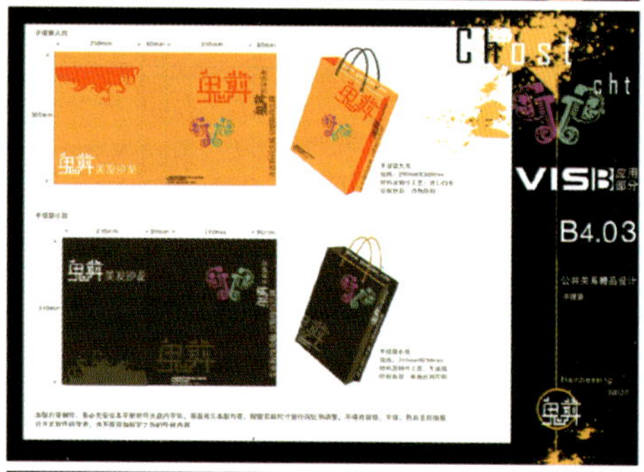
VISB应用部分
B4.03

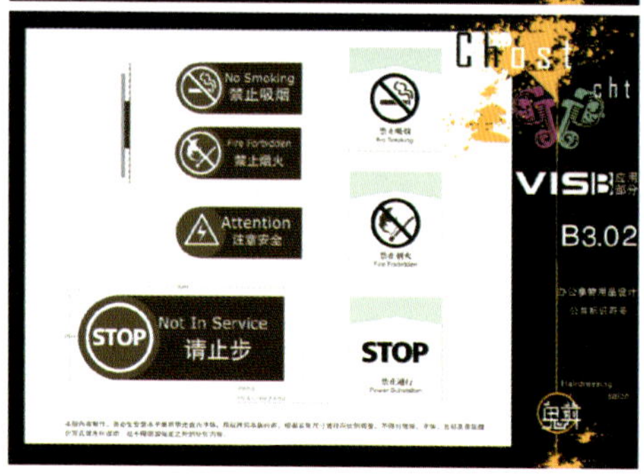
No Smoking
禁止吸烟
Fire Forbidden
禁止烟火
Attention
注意安全
STOP
Not In Service
请止步
VISB应用部分
B3.02

VISUAL IDENTITY
卡·梵伯奇
CARL FABERGE
VISUAL IDENTITY
梵伯奇彩雕雕刻视觉识别管理手册

VIS 基础系统 A
卡·梵伯奇 VIS A 基础部分目录

VIS 基础系统 A 01
卡·梵伯奇
CARL FABERGE

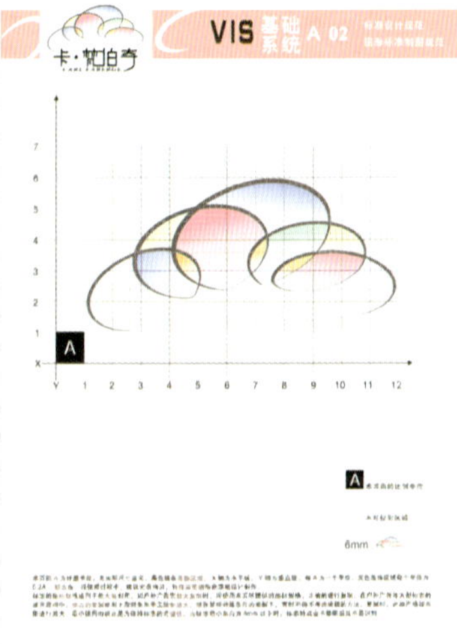
VIS 基础系统 A 02
A
6mm

VIS 基础系统 A 06
辅助图形:

VIS 基础系统 A 05
主色系:
辅色系:

VIS 应用系统 B 01
赵美海
WWW.JADELAND.CN

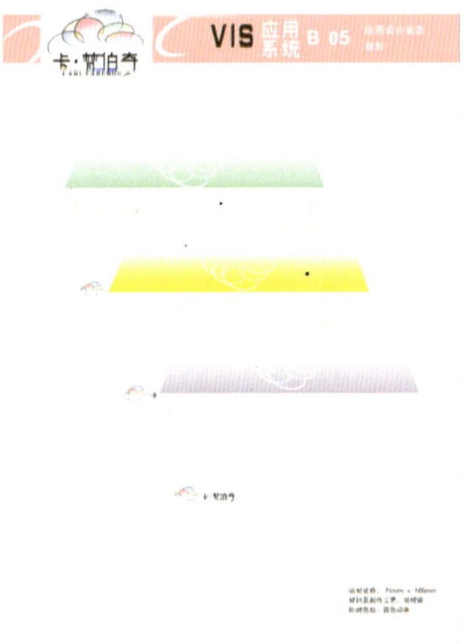
VIS 应用系统 B 05

VIS 应用系统 B 02

二、VI手册的装订

VI手册并非一成不变，只是相对稳定，随着变化状况，在内容上可能会有变更，所以在制作时必须考虑内容变动时的处理以适应变更之需。在装订方式上多以活页装订为主，也有其他的印刷品装订方式。

为了适应各种不同的装帧要求，因此设计者必须先对装订方法有一定的了解，才能在手册封面设计及内页编排上作出合理的选择。常见的装订方法为：索线胶订、骑马订、活页订、册页订及中国传统书统书籍装订方法线装等。

① 索线胶订——每帖书页中缝处穿线连接，把书帖按顺序连接成册，再将收芯与书背打毛施胶粘帖。这种装订坚固耐用，书页不容易散落，便于翻开。一般常用于精装、平装及多页书籍的书芯装订。规模较大的公司企业机构的VI手册如短期内无计划变更内容可采用这种装订方式。

② 骑马订——是用于书芯页折叠的中缝处，用金属铁丝钉合成册。骑马订的书无书背。常用于薄的册子装订。

③ 活页订——是用于册页装订处打孔，用胶夹、胶圈，金属圈、爪订、丝带等穿孔连接合成册的，活页订常用于手册、挂历，及活动性较强的印刷物装订，书籍偶尔可见，是企业VI手册最常用的装订方式，厚册和薄册都适用。

④ 册页订——是把册页装为单页散装，再将印页裁切一致，按顺序排齐，外加包封即成。常用于少页大开本的画辑、教学范本及挂图。

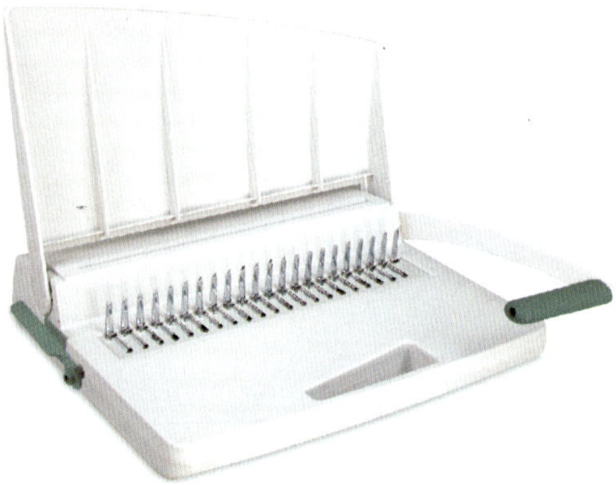
打孔装订机

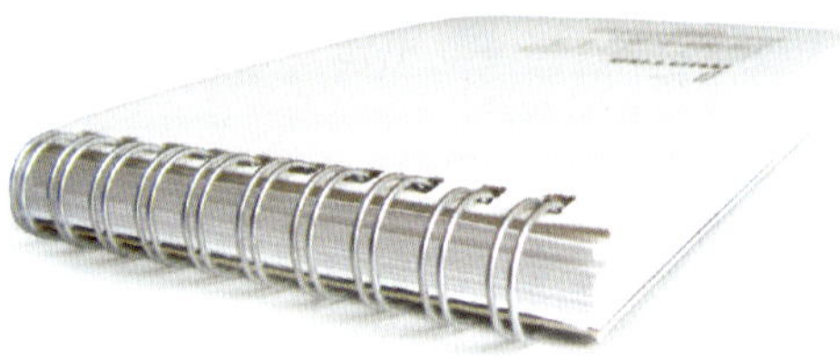
金属环活页装订

册页订

⑤ 线装——是中国传统书籍装订方法。线装的装订方法是打眼穿线订，但穿线形式有所不同。由于订线完全暴露在封面上，因此非常讲究形式美。这些形式的装订方法牢固，具有浓厚的传统特色。常用于古典著作、仿古书籍及书画册等。这种装订方式可让学生在无条件外加工的情况下尝试使用。

线装

参考文献

[1] 肖勇，刘东涛，图雅. VI设计模板. 北京：高等教育出版社，2008.

[2] 陈晓明. VI设计. 北京：高等教育出版社，2008.

[3] 关为善，陈海燕，陆婷. CI的策划和设计. 上海：上海人民美术出版社，2005.

[4] 冯云廷，李怀. 企业形象：战略、设计与传播. 大连：车北财经大学出版社，2003.